HAMLET

HAMLET

WILLIAM SHAKESPEARE

TRADUÇÃO E INTRODUÇÃO
Barbara Heliodora

EDITORA
NOVA
FRONTEIRA

Título original: *Hamlet*

Editora Nova Fronteira Participações S.A.
Rua Candelária, 60 — 7º andar — Centro — 20091-020
Rio de Janeiro — RJ — Brasil
Tel.: (21) 3882-8200

Imagem de capa:
Frans Hals, *Young Man with a Skull*. National Gallery, Londres.

Dados Internacionais de Catalogação na Publicação (CIP)

S527h Shakespeare, William

Hamlet/ William Shakespeare; traduzido por Barbara Heliodora. – [Edição especial]. – Rio de Janeiro: Nova Fronteira, 2022.
168 p.; 12,5 x 18 cm (Clássicos para Todos)

ISBN: 978-65-5640-567-4

Título original: *Hamlet*

1 Teatro grego. I. Heliodora, Barbara. II. Título.

CDD: 882
CDU: 82-2

André Queiroz – CRB-4/2242

Conheça outros livros da editora:

Sumário

Introdução à 1ª edição de *Hamlet*

"Esta tradução foi feita para mim." A declaração pode parecer presunçosa, e talvez seja melhor esclarecê-la. Em várias ocasiões, quando tive necessidade, em aulas ou conferências, de citar trechos shakespearianos, eu já havia recorrido aos préstimos de tradutora da sra. Anna Amélia de Queiroz Carneiro de Mendonça, o que me foi sempre muito cômodo, levando-se em conta que ela é minha mãe. Nem sempre é conveniente fazer citações no original: ou porque o público é numeroso ou porque há perigo de não se ouvir com aquela clareza de que só podemos abrir mão ao ouvir nossa própria língua, e frequentemente — o que é mais importante — porque a citação em inglês pode quebrar uma linha de pensamento que se deseja estabelecer e manter dentro de determinado raciocínio em torno de um texto. Em todas essas ocasiões tinha recebido de sua mão traduções excelentes, que não só captavam o espírito daquele trecho, mas tinham também a forma poética necessária para recriar, na medida do possível, o clima do original.

Confesso que se passaram anos de repetidos pedidos até que a tradutora resolvesse enfrentar a íntegra de uma peça, mas acabou concordando quando usei, com a tranquilidade de todos os filhos do mundo, a chantagem emocional: eu "precisava" de uma tradução do *Hamlet*, e precisava com data marcada. Não faltava com a verdade, pois eu tinha realmente necessidade de um texto shakespeariano para usar em uma série de aulas que devia dar no Conservatório Nacional de Teatro. Essa tradução deveria ter algumas características essenciais: deveria ser uma tradução para teatro, em que atores e diretores pudessem sentir o fluxo da ação; mas deveria ser também uma tradução de poeta, que preservasse a principal qualidade que deu tão monumental dimensão à literatura dramática do período elisabetano-jaimesco, do qual Shakespeare é o maior nome, e *Hamlet*, a mais fascinante obra.

Houve, portanto, uma preocupação teatral, mais do que uma preocupação de estrita e indefectível erudição e fidelidade. Não que a tradução não seja fiel, pois o é; mas na transposição para o português é literalmente impossível dizer tudo o que Shakespeare poderia querer dizer precisamente em suas palavras. Cada língua tem sua têmpera e seus idiotismos, e preciso de início admitir que não há possibilidade alguma de se preservar em qualquer língua neolatina, por exemplo, o jogo de palavras da famosa cena dos coveiros (Ato V, Cena I) em torno do trocadilho feito com o verbo *to lie*. Em inglês, a palavra é a mesma para "mentir" e "jazer", e nada as tornará iguais em português. Da mesma forma, há palavras e expressões no original que permitem duas ou mais interpretações, por terem elas mais de um sentido, e só poderão ser expressas em palavras diversas em nossa língua. É inútil lamentar, no caso, o empobrecimento resultante da escolha de uma interpretação, pois a escolha é inevitável. Perdemos com isso inúmeros e perturbadores ecos e evocações advindos da ambivalência do termo original, mas os caminhos que teriam de ser percorridos até que se encontrasse uma possibilidade, em português, de evocações várias, terminariam por levar-nos muito mais longe da obra do que nos leva a decisão de interpretar de uma determinada maneira e poder preservar uma palavra perfeitamente equivalente a pelo menos *uma* das possíveis interpretações.

Racine escreveu toda a sua obra com três mil palavras; Shakespeare usou 29 mil, o vocabulário mais rico de que se tem notícia em autor de língua inglesa (e provavelmente de qualquer outra). Isso justamente porque, ao contrário dos clássicos franceses, Shakespeare e todos os seus contemporâneos pertenciam a um mundo em expansão, um mundo de descobertas, um mundo recém-libertado dos formalismos e misticismos medievais, em que tudo era belo, principalmente o que era humano e terreno. Havia poesia no ar, mas também na terra, na água e no fogo, os *elementos* que tanto serviriam de imagem à suprema exaltação da morte de Cleópatra quanto à alquimia de Ben Jonson e Robert Greene. A poesia de Shakespeare era escrita com todas as palavras de seu mundo, sem as escravizantes hierarquias que determinavam o vocabulário do classicismo francês.

Por outro lado, Shakespeare foi um homem moderno para seu tempo; e foi um homem de teatro. Sua linguagem não poderia ser mais contemporânea, mais acessível, mais popular, pois sua arte, bem como sua intuitiva busca de *todo* o seu público, tornavam imperativo que ele fosse compreendido *de imediato* durante o espetáculo. Assim, não compreendo que possa haver justiça, ou mesmo justificativa, em qualquer tentativa arcaizante na tradução shakespeariana, da mesma forma que não se pode tampouco situá-la artificialmente em uma situação de excessiva atualidade ou cair em um vocabulário transitório de regionalismo ou coloquialismo menor.

A grande preocupação desta tradução foi, para mim — a quem coube a ingrata tarefa de cobrar diariamente seu término —, a de ter em mãos um instrumento com o qual pudesse contagiar meus alunos com o micróbio da paixão shakespeariana. Quanto ao resto, confesso que não tive que fazer mais do que confiar tranquilamente na capacidade de um poeta de inspirar outro. O *verso branco* dos elisabetanos, para eles um pentâmetro iâmbico, para nós um decassílabo (sem rima), pode, quando dotado de ritmo autêntico, ser apoio extraordinário para o ator. Se é difícil chegar a dominar o verso, uma vez dominado, ele passa a ser magistral servidor de dois amos: ajuda o ator em seu trabalho e ajuda-o a bem servir o autor. O que se fazia necessário, enfim, era um texto através do qual o leitor, o ator ou o diretor pudesse captar o *todo* da obra, lendo-a até mesmo de um só fôlego, para sentir-lhe o impacto de uma só vez, mas também uma tradução que permitisse parar ao longo do caminho para admirar ou analisar passagens sem perder os valores poéticos que fazem de *Hamlet* o que ele é, tanto quanto seu conteúdo conceitual, sua história, seu enredo ou sua caracterização. O número de felicidades verbais contidas na tradução foi comprovado principalmente pelo número de vezes em que tive o extraordinário prazer de ver iluminar-se o rosto de um aluno ao contato com esta ou aquela passagem da obra.

A escolha da peça a ser traduzida recaiu sobre a que parecia reunir o maior número de qualidades para os fins a que se dirigia.

Assim poderíamos enumerar (sem contar a incontestável curiosidade criada em torno do texto por sua universal aclamação) as seguintes razões: a) ser ela altamente representativa da dramaturgia elisabetana; b) seu exemplar aproveitamento do palco elisabetano; c) seu exemplo excepcional do aproveitamento de material anterior por Shakespeare; d) ser obra da maturidade, na qual a poesia — em prosa ou verso — se tornou mais dramática do que em qualquer outro momento; e) ser obra de transição entre o elisabetano e o jaimesco, na qual estão presentes elementos característicos de ambos os períodos; e f) ser obra de excepcionais qualidades de estrutura ou caracterização, que a tornam particularmente interessante tanto para atores quanto para diretores.

Examinemos, rapidamente, essas razões.

A dramaturgia elisabetana é uma fórmula conciliatória de rara felicidade que aproveita o melhor de dois mundos: o medieval e o renascentista. Séculos de extraordinária popularidade e vitalidade do teatro épico, didático, moralizante e salutarmente desbocado da Idade Média, impediram que, na Inglaterra, essa vital tradição popular fosse destruída (como o foi na França, por exemplo) pelas eruditas preocupações imitativas do Renascimento. O longo hábito de ouvir histórias da Bíblia (ou lições morais passadas em termos alegóricos que fixavam infalíveis pontos de referência para o estabelecimento do caráter positivo ou negativo do personagem), a exuberância do jogo, a aceitação da mistura humana da tragédia e da comédia, o hábito da criação da imagem visual pelo ouvido (que exigia do público medieval uma participação ativa na criação do ambiente), a natureza, enfim, essencialmente participante da manifestação dramática medieval depois que esta se libertou da férrea disciplina da Igreja, tudo isso fez com que os modos imitativos da Renascença fossem repudiados. Por que razão um público que via passar diante de seus olhos toda a história do mundo, da Criação ao Juízo Final, haveria de conformar-se com a apresentação de alguma coisa ligada a um dia, um local e uma única ação? Por que não poderia ele rir durante uma tragédia se nas mais ponderosas moralidades o diabo, eterno derrotado, se havia transformado em personagem *cômico*? Nas universidades foi tentada a imitação, mas a força da tradição medieval era grande demais para que fosse admitida a mera narração de mortes ou batalhas, muito mais fascinantes quando testemunhadas, com a imaginação complementando a convenção. Mas sem dúvida havia o que aprender: a concepção do herói, principalmente o herói senecano, o herói estoico que, como na peça medieval *Todomundo*, era campo de batalha entre o bem e o mal, mas que tinha uma dimensão de autoconhecimento que servia magistralmente à curiosidade do elisabetano em conhecer tanto a si mesmo quanto a tudo o mais à sua volta. A noção de estrutura do enredo, a maior disciplina do material para formar a imagem de uma ideia dominante, a ótica humana da Renascença, essas eram as características que faziam o teatro ainda mais teatro, e foram portanto aceitas. A pantomima, tão cara a Sêneca, encontrava eco no público que tinha aprendido a compreender além do que via; e a violência de Sêneca correspondia bem à violência daquele povo que crescia, que se afirmava em impressionante demonstração coletiva de individualismo extremo.

Tudo isso está em *Hamlet*, e se *Hamlet* é mais do que tudo isso é porque William Shakespeare é a cristalização perfeita de um longo processo de amadurecimento completado somente quando poetas como ele souberam aprimorar a linguagem popular de suas origens medievais até atingir as culminâncias da expressão poética sem perda da perspectiva dessas mesmas origens, sem se afastarem da sequiosa massa inculta mas ávida de saber, ávida de se ver retratada e estimulada, ávida de ver reafirmada a ideia de que o homem pode tudo. E sem dúvida alguns dos mais decantados "problemas" de *Hamlet* emanam da síntese medieval-renascentista da obra, sendo da maior importância a interpretação de Peter Alexander de que Hamlet, pai, representa uma idade heroica em que o bravo vence lealmente, só perde quando traído e deve ser vingado, enquanto Hamlet, filho, pertence a outra geração, universitária e humanística, na qual valores mais altos se avultam, donde sua dificuldade em executar um ato de vingança.

Mas é a vingança que torna a peça tão altamente representativa, pois a partir da *The Spanish Tragedy* [Tragédia espanhola], de Thomas Kyd, a sanguinolência, a loucura (real e fingida) e a vingança eram das mais populares formas dramáticas da época.

A diferença entre *The Spanish Tragedy* e *Hamlet* é a diferença entre Kyd e Shakespeare. O primeiro quis escrever um espetáculo teatral de efeito, o segundo — com uma visão infinitamente mais profunda e mais poética — deu a seu protagonista uma tarefa de vingança a executar e em torno dela criou toda uma avaliação da vida humana que chega às suas últimas consequências na famosa dúvida tão singelamente expressa: *ser ou não ser.* Não apenas "ser", por certo; "ser" só merece esse título quando plenamente vivido, pois, quando as concessões e os compromissos têm de conduzir à rastejante e corrupta subserviência de um Polônio, é melhor "não ser". Para dizer isso, Shakespeare teve de escrever cinco atos e quase quatro mil linhas (o dobro de sua tragédia mais curta, *Macbeth*, e quase mil linhas a mais do que qualquer outra obra sua), e, no entanto, é incontestável a verdade (tão conhecida) de que a melhor, a mais sucinta, a mais despojada forma de se dizer o que Shakespeare quis dizer ao escrever *Hamlet* é — precisamente — o total de *Hamlet*.

Ali nada é gratuito: tudo se ilumina e se esclarece mutuamente. Senão, vejamos: Hamlet deve vingar o pai, o mesmo que devem ou querem fazer Laertes e Fortimbrás; Hamlet finge-se de louco, e Ofélia fica louca; Cláudio é rei e ator, pois representa para todos (até mesmo para Gertrudes), e o ator é ator e rei; Hamlet recebe ordens de seu pai e não obedece, gerando consequências graves — mas serão menos graves as consequências de ter Ofélia obedecido às ordens de seu pai? A interferência dos coveiros, herança da tradição medieval do alívio cômico, não constitui ela mesma uma visão inteiramente nova da posição de Ofélia?

Do mesmo modo é preciso não perder de vista a firmeza com que Shakespeare "amarra" a peça em seu todo, situando-a com clareza e precisão em um contexto que em si mesmo projeta todos os problemas debatidos a uma dimensão muito maior do que teriam isoladamente em qualquer outro contexto. Não é por esnobismo que Shakespeare cria um mundo de reis e príncipes, e sim porque as consequências para todo o estado do fato de Cláudio, o rei, ser um assassino são infinitamente maiores do que as advindas da mesma condição em um súdito — e nem são menores as consequências de se ter um rei assassinado.

Quando, no início da Cena I do Ato III, Rosencrantz concorda com Cláudio em que Hamlet deve ser afastado para não ameaçar a vida do rei, dizendo:

> "(...) [a] majestade
> Não sucumbe sozinha; mas arrasta
> Como um golfo o que a cerca; é como a roda
> Posta no cume da montanha altíssima,
> A cujos raios mil menores coisas
> São presas e encaixadas; se ela cai,
> Cada pequeno objeto, em consequência,
> Segue a ruidosa ruína"

vemos até que ponto Shakespeare domina seu instrumento, a mestria com que usa a ironia dramática, pois o pressuroso Rosencrantz, ao pronunciar suas bajuladoras palavras, não sabe que o processo a que se refere já está em curso, justamente porque Cláudio matou um rei, crime que já trouxe, e trará ainda, trágicas consequências para o reino.

Assim, e só assim, numa visão global que contenha em si o múltiplo alcance desta obra-prima dramática, é que pode e deve ser lido, visto ou compreendido *Hamlet*. Se o papel de Hamlet é o mais longo que existe na dramaturgia ocidental, ele só é protagonista em função da situação que o cerca, e a concepção romântica de uma figura ensimesmada, preocupada exclusivamente com suas angústias existenciais, é tão errada quanto a famosa definição do "nada", ou seja, *Hamlet* sem Hamlet. A dramaturgia elisabetana, por sua natureza panorâmica, épica, é de extraordinária flexibilidade. Permite ao autor que domina total e apaixonadamente seu material selecionar as situações, os locais e os personagens que considera necessários para a composição da imagem global a ser transmitida. A cena inicial da peça — exemplo excepcionalíssimo de aproveitamento dinâmico da exposição e passada entre personagens menores, alguns dos quais desaparecem inteiramente depois do primeiro ato — não só é fundamental para a compreensão do enredo, como também cria o clima, introduz aspectos básicos da temática e apresenta o personagem que vai não só encerrar a peça, como se tornar, a partir daquele momento, responsável pelos destinos da Dinamarca.

A mobilidade da dramaturgia elisabetana só existe em função da forma de seu palco: o campo neutro do palco exterior, projetado para o centro de um pátio onde ficavam de pé os espectadores de menos posses, transformava-se no que quisesse o autor, desde que sua poesia lhe assegurasse a participação da imaginação do público; o palco interior podia ser, se necessário, transformado em quarto ou sala do trono ou em qualquer outro local de identificação indispensável, enquanto o superior permitia a Shakespeare não só fazer Hamlet acompanhar o fantasma de seu pai até a mais alta plataforma do castelo de Elsinore, como também escrever a cena do balcão de *Romeu e Julieta* ou a do mausoléu de *Antônio e Cleópatra* ou a da muralha de Harfleur em *Henrique V*, enquanto talentos menores o utilizavam pura e simplesmente quando queriam uma cena de tom "elevado". No limite do "avental" do palco exterior, o protagonista elisabetano, cercado pelo público por três lados, tinha com ele tal intimidade que lhe saía fácil o monólogo no qual revelava seus planos ou seus mais íntimos pensamentos. No chão desse mesmo avental havia alçapões (herança medieval enriquecida por truques renascentistas) de onde saíam aparições ou onde se podia enterrar Ofélia.

Desse palco serviu-se Shakespeare com domínio incomparável. As cenas se sucedem, curtas ou longas, segundo as necessidades do desenvolvimento que o autor deseja dar ao tema, fazendo ótimo uso da mobilidade permitida pela convenção, que frequentemente acompanha acontecimentos quase simultâneos para dar ao espectador várias perspectivas de uma mesma situação. E de todo esse complexo Shakespeare se serve para estimular o espectador a participar tanto emocional quanto intelectualmente, ligando os vários elementos por seu supremo domínio da poesia dramática, implantando ideias não só pela sequência lógica do diálogo discursivo, como também pelos misteriosos e evocativos caminhos de uma imensa riqueza imagística. Com a flexibilidade de seu palco e a beleza de seu verso, Shakespeare pôde expandir a limites inimagináveis o universo do teatro.

Como Molière depois dele e como os gregos anteriormente, não teve Shakespeare qualquer preocupação com a originalidade de seu material. O importante em sua obra é o que resulta de alguma história mais do que conhecida anteriormente à qual seu gênio imprimiu vida nova por sua capacidade de, mudando o ponto de vista, tirar do antigo material sentidos novos, dar-lhe maior alcance, intensificar-lhe o conteúdo por meio de novas formas.

Hamlet, com suas longínquas origens na *Edda*, já chegou às mãos de Shakespeare retrabalhado por vários períodos e vários autores. Claro que o desaparecimento de *Ur-Hamlet* elisabetano (de Kyd?) faz com que desconheçamos a versão prévia mais próxima do autor. Mas a transformação de uma lenda heroica em uma obra de introspecção é o fenômeno mais fascinante de toda a obra shakespeariana. Em suas origens, o pai de Amleth é assassinado quando este ainda é criança, a loucura fingida não passa de matreiro recurso para escapar de igual fado das mãos do tio, e o final é o clássico *happy ending* da epopeia popular, com a vingança executada, e Amleth, o bom rei, para todo o sempre... Uma loucura fingida que é usada como defesa, mas defesa contra o próprio perigo da loucura que poderia advir da extrema tensão emocional e intelectual é algo de muito diverso, como muito diverso do singelo herói da saga é o príncipe renascentista intelectual, cruel, amigo leal e inimigo perigoso, introspectivo e exímio em esgrima, multiforme e paradoxal como sua época. Como em todas as outras ocasiões em que se utilizou de material alheio, Shakespeare não fez mais do que mudar a ótica para realizar o total do potencial antes desperdiçado.

Datado provavelmente de 1601, *Hamlet* é arauto de uma nova posição mais sombria e inquisidora do que aquela que pode receber realmente o rótulo de elisabetana. Não têm sido poucas as críticas feitas a Henry Bolingbroke, o usurpador Henrique IV, por serem consideradas mesquinhas e politiqueiras (na melhor das hipóteses) suas recomendações ao filho, o futuro Henrique V, de que se ocupe com guerras estrangeiras, pois enquanto estiver ocupado com elas o povo não lhe dará preocupações domésticas. Não foram necessários muitos anos para que a Inglaterra provasse, ela mesma, a veracidade (louvável ou não) dessas palavras. Toda a dramaturgia propriamente elisabetana é a dramaturgia de um país em ascensão. A sede de afirmação, a sede de conquista, a luta contra a Espanha, tudo isto uniu o povo em torno de Elisabeth, até que o país fosse reconhecido pela Europa inteira como grande potência. Os grandes exemplos dessa linhagem são os heróis marlovianos ou qualquer um dos patriotas das peças históricas de Shakespeare.

Estabelecida a supremacia, destruídos os inimigos, enriquecida a nação, muito breve chegou o momento em que se tornou inevitável uma autoanálise, seja de métodos, seja de objetivos, ao mesmo tempo que a inesperada longevidade da Rainha Virgem — e, portanto, sem herdeiros diretos — provocava em uma nobreza livre das preocupações das guerras estrangeiras uma luta pelo poder tão violenta e tão sórdida quanto as dos velhos tempos da Guerra das Rosas. O *malcontent*, o insatisfeito, era o *angry young man* do início do século XVII, usufruindo dos benefícios da rapacidade e capacidade de construção de seus superiores, mas totalmente incapaz de aceitar seus valores, avaliando-lhe e condenando-lhe cada ação. Não estavam esquecidas as lições dramáticas das moralidades, e toda a dramaturgia jaimesca reflete essa introspecção, essa avaliação, essa desesperada indagação sobre a condição do homem, a natureza do bem e, principalmente, do mal. A ascensão de James I em 1603 configura mais nitidamente esse clima, mas o século já nascera sob o signo desses conflitos extremos.

Depois do período das tetralogias históricas, depois de escrever *Júlio César*, Shakespeare nunca mais deixou de incorporar o tema político às suas tragédias — até mesmo *Otelo*, a mais doméstica, vê um governador militar executar o que julga ser um ato de justiça. Em *Hamlet* todo esse novo e sombrio mundo de avaliações, buscas e julgamentos dos processos públicos e privados de se ser ou não ser são apresentados em conjunto pela primeira vez e com maior sucesso em sua realização do que jamais seria alcançado por qualquer dos muitos outros dramaturgos que tentaram tema semelhante.

Não há, por certo, peça mais fascinante para atores ou diretores do que esse mundo em que a própria condição humana é posta em questão: o problema de enfrentarmos tarefas que não buscamos mas que nos são impostas, e de termos por isso de aprofundar-nos em uma dolorosa análise de nós mesmos, a quem devemos conhecer antes de tomar qualquer atitude em relação à tarefa proposta. Acompanhar a evolução de uma obra na qual um homem do gabarito de Hamlet, universitário de Wittemberg, príncipe renascentista, evolui da posição em que diz "maldito fado/Ter eu de consertar o que é errado" até chegar a "o estar pronto é tudo" é uma das experiências mais provocantes e enriquecedoras que podemos ter por intermédio de uma obra de arte. Tudo em *Hamlet* provoca o pensamento, a conscientização; e a forma, os caminhos percorridos para a apreensão total da tragédia são, em si, parte do que deve ser dito, excitando-nos a percepção, permitindo-nos viver, graças à intimidade que podemos ter para com a obra, um pouco mais na dimensão de um Shakespeare.

A essa intimidade, espero e confio, é que esta tradução há de convidar o leitor. Confesso que por várias vezes tenho sonhado com a possibilidade de novamente ler *Hamlet* pela primeira vez; mas, por outro lado, convido todos a lerem muitas vezes a peça — não por ser "difícil", não por considerar necessária qualquer preparação especial para se poder apreciá-la, mas porque é realmente impossível deixar de descobrir alguma coisa de novo a cada leitura. E creio que esta tradução permitirá esse tipo de leitura repetida, supremo teste para qualquer obra.

Barbara Heliodora, 1968

Introdução à 3ª edição de *Hamlet*

Já lá se vão mais de quarenta anos desde que esta tradução foi feita. Ao relê-la ainda uma vez com cuidado, preparando-a para mais esta edição, o tempo fez com que me visse forçada a ter a ousadia de fazer algumas alterações no texto. Estas alterações são, basicamente, de tratamento. Para a comunicação com o espectador ou leitor, hoje em dia, o tratamento na segunda pessoa do plural parece distante, e por isso mesmo ele só foi preservado quando os personagens se dirigem diretamente a alguém da família real, em ocasiões formais.

Do mesmo modo, a crescente intimidade com a peça sugeriu algumas (muito poucas) alterações de palavras ou frases, que pareciam necessárias para serem ou mais fiéis ou mais acessíveis.

A não ser por isso, nada mudou nesse exemplar trabalho de tradução.

Barbara Heliodora, 2004

Dramatis personae

HAMLET, príncipe da Dinamarca.
CLÁUDIO, rei da Dinamarca, tio de Hamlet.
O FANTASMA do finado rei, pai de Hamlet.
GERTRUDES, a rainha, mãe de Hamlet, agora mulher de Cláudio.
POLÔNIO, conselheiro de Estado.
LAERTES, filho de Polônio.
OFÉLIA, filha de Polônio.
HORÁCIO, amigo e confidente de Hamlet.
ROSENCRANTZ, GUILDENSTERN, cortesãos, antigos colegas de colégio de Hamlet.
FORTIMBRÁS, príncipe da Noruega.
VOLTEMAND, CORNÉLIO, conselheiros, embaixadores à Noruega.
MARCELO, BERNARDO, FRANCISCO, membros da Guarda Real.
OSRIC, um cortesão tolo.
REINALDO, criado de Polônio.
ATORES.
UM CAVALEIRO, da corte.
UM PADRE.
UM COVEIRO.
O COMPANHEIRO DO COVEIRO.
UM CAPITÃO, do exército de Fortimbrás.
Embaixadores ingleses.
Nobres, damas, soldados, marinheiros, mensageiros e criados.

A CENA: Elsinore: a Corte e seus arredores.

Ato I
Cena I

Elsinore. A plataforma do castelo.
(*Francisco, de guarda, em seu posto. Entra Bernardo.*)

BERNARDO — Quem está lá?
FRANCISCO — Responde tu; pra trás e diz quem és.
BERNARDO — Viva o rei!
FRANCISCO — É Bernardo?
BERNARDO — É ele mesmo.
FRANCISCO — Chegas exatamente em tua hora.
BERNARDO — Acaba de soar a meia-noite.
Vai tu pra casa; vai dormir, Francisco.
FRANCISCO — Muito obrigado, porque assim me rendes;
'Stá frio e o coração trago oprimido.
BERNARDO — Foi calma a guarda?
FRANCISCO — Não se ouviu um rato.
BERNARDO — Muito bem. Boa noite. Se encontrares
O Horácio e o Marcelo, companheiros
Desta noite, eu te peço que os apresses.
FRANCISCO — Creio que os ouço. Em guarda! Quem vem lá?

(*Entram Horácio e Marcelo.*)

HORÁCIO — Amigos do país.
MARCELO — Fiéis ao rei.
FRANCISCO — Boa noite.
MARCELO — Até breve, bom soldado.
Quem veio te render?
FRANCISCO — Bernardo fica.
Que tenhas boa noite.
(*Sai*)
MARCELO — Olá!
Bernardo!

BERNARDO Quê? Horácio está aqui?
HORÁCIO Um pouco dele.
BERNARDO Sejas bem-vindo, Horácio; e tu, Marcelo.
MARCELO Aquela aparição veio esta noite?
BERNARDO Eu nada vi.
MARCELO Horácio diz que é simples fantasia
E que ele não aceita a nossa crença
Dessa visão que duas vezes vimos.
Por isso convidei-o para hoje
Vir conosco guardar alguns minutos;
Pois se de novo vier esse fantasma,
Ele confirmará os nossos olhos
E poderá falar-lhe.
HORÁCIO Não aparecerá.
BERNARDO Senta-te um pouco;
Deixa-nos repetir aos teus ouvidos,
Tão prevenidos contra a nossa história,
O que duas vezes vimos.
HORÁCIO Bem, sentemo-nos
E ouçamos o que vai contar Bernardo.
BERNARDO Ontem à noite,
Aquela mesma estrela ali a oeste,
Tendo feito o seu curso e iluminado
Esta parte do céu onde arde agora,
Marcelo e eu, ao badalar uma hora...
MARCELO Cala-te, por favor; ei-lo que volta!

(*Entra o Fantasma.*)

BERNARDO É o próprio rosto do defunto rei.
MARCELO Tu, que és um mestre, vai falar-lhe, Horácio!
BERNARDO Não é igual ao rei? Repara, Horácio.
HORÁCIO Igual: isso me assusta e causa espanto.
BERNARDO Vamos falar-lhe.

MARCELO E interrogá-lo, Horácio.

HORÁCIO Quem és tu, que usurpaste a escura noite,
E nesse aspecto de gentil guerreiro
Com o qual o nosso rei, agora morto,
Marchou um dia? Pelos céus, responde!
(*Ele ofendeu-se*).

BERNARDO Vê; vai afastar-se.

HORÁCIO Fica! Fala! Por Deus, eu te conjuro!

(*Sai o Fantasma.*)

MARCELO Foi-se, e não respondeu.

BERNARDO Então, Horácio; estás tremendo e pálido?
Não julgas isto mais que fantasia?
Que pensas disso?

HORÁCIO Diante de Deus, eu não o acreditara,
Sem o sincero e firme testemunho
Dos meus olhos.

MARCELO Não é igual ao rei?

HORÁCIO Como tu a ti mesmo:
Aquela era sem dúvida a armadura
Que usou contra a ambição da Noruega;
'Stava assim carrancudo, quando em fúria
Destruiu os polacos sobre o gelo.
Isto é estranho!

MARCELO Assim, por duas vezes
Passou, forte e marcial, por nossa guarda.

HORÁCIO Não sei qual o propósito que o trouxe,
Porém, na minha rude opinião,
É mau presságio para o nosso reino.

MARCELO Senta-te agora e conta-nos, se o sabes,
Por que esta severa e estrita guarda
Todas as noites fica aqui, atenta;
E por que cada dia os canhões chegam

Com outros apetrechos para a guerra?
E por que convocar tantos ferreiros,
Cuja rude missão não vê domingo?
Que vai acontecer? Que essa tarefa,
Pesada e rude, junta a noite e o dia?
Quem me pode informar?

HORÁCIO Creio que o posso.
Ao menos o que consta. O velho rei,
Cuja imagem há pouco aqui tivemos,
Foi provocado pelo Fortimbrás
Da Noruega, em seu ferido orgulho,
Para um combate; e o nosso bravo Hamlet
(Que assim o chama toda a nossa gente)
Matou a Fortimbrás, que, por promessa
Ratificada pela lei e a heráldica,
Perdia, com a vida, as terras todas
Em sua posse, para o vencedor:
Outros terrenos, em contrapartida,
Empenhou nosso rei, para legá-los
Como direito e herança a Fortimbrás,
Fosse ele o vencedor. Pelo emprazado,
E em razão dessa cláusula citada,
Herdou-as Hamlet. Pois o filho agora,
Com ardor juvenil e malguiado,
Aqui e ali, nas faldas da Noruega,
Juntou alguns velhacos sem abrigo
Em troca de alimento, numa empresa
Que muito tem de ousada: nada mais
— Como tão bem percebe o nosso reino —
Busca recuperar de nós, co'a força,
E termos compulsórios, essas terras
Perdidas por seu pai; isso, eu suponho,
É o motivo de tais preparativos,

A causa desta guarda, e a principal
Razão deste apressado movimento.

BERNARDO Creio que seja assim; e mais ainda
Que agora essa figura portentosa
Chega armada até nós, igual ao rei
Que foi e é a causa dessas guerras.

HORÁCIO Uma coisa perturba a minha mente:
No altíssimo e feliz torrão de Roma,
Antes da queda do possante Júlio,
Os túmulos mostraram-se agitados,
E as figuras estranhas dos defuntos
Gritavam e corriam pelas ruas;
Cometas chamejantes suavam fogo,
O Sol ficou convulso e a estrela túmida,
Cuja força ergue o império de Netuno,
Quase estava em desmaio num eclipse,
Como iguais precursores de desgraças.
Como arautos precoces do destino,
E prólogo de agouros pressentidos,
Terras e céus unidos advertiram
O nosso clima e os nossos conterrâneos.
(*Entra o Fantasma.*)
Silêncio! Vede! Ei-lo que vem de novo!
Vou enfrentá-lo, mesmo que me arrase!
(*O Fantasma empunha suas armas.*)
Para, ilusão! Se tens voz ou palavra,
Fala-me!
Se há qualquer coisa certa a ser tentada
Que te possa ajudar e eu o mereça,
Fala-me!
Se és sabedor de crime em tua pátria
Que se possa evitar por conhecê-lo,
Oh, fala!
Se juntaste um tesouro em tua vida

E o guardaste no ventre desta terra,
E por ele andas morto pelo mundo,
Fala! Detém-te e fala!
(*O galo canta.*)
Não o deixes!

MARCELO Devo tocá-lo a golpes de alabarda?

HORÁCIO Deves, se não parar.

BERNARDO Cá está.

HORÁCIO Está aqui!
(*Sai o Fantasma.*)

MARCELO Foi-se!
Ferimo-lo em sua majestade,
Dando demonstrações de violência;
Porque ele é como o ar, invulnerável,
E o nosso inútil golpe, simples farsa.

BERNARDO Ia falar, quando cantou o galo.

HORÁCIO E então ele partiu, qual condenado,
Sob uma intimação. Ouvi o galo,
Que, como a clarinada da manhã,
Com sua voz aguda e penetrante,
Acorda o deus do dia; e, ao seu alarme
No mar, no fogo, no ar, como na terra,
Os errantes espíritos se apressam
Aos seus negros confins; dessa verdade
O nosso próprio caso é bem a prova.

MARCELO Ele esvaiu-se com o cantar do galo.
Dizem que quando chega a estação
Que celebra o Natal do Salvador,
A ave da aurora canta a noite toda
E não deixa os espíritos à solta;
As noites são saudáveis; os planetas
Não ardem, nem as bruxas, feiticeiras,
Têm o poder para exercer encantos,
Tão sagrado e tão doce é esse tempo.

HORÁCIO Assim ouvi, e creio nisso, em parte.
Mas, olha, a aurora, com seu manto róseo,
Já pisa o orvalho nos distantes montes!
Terminemos a guarda e, a meu conselho,
Contemos o que vimos esta noite
Ao jovem Hamlet; pois, por minha vida,
Esse espírito, mudo para nós,
Só quer falar com ele; se o quereis,
Vamos dar-lhe notícia do ocorrido,
Cumprindo, por amor, nosso dever!

MARCELO Vamos fazê-lo, peço; e já conheço
A maneira melhor de vê-lo hoje.
(*Saem.*)

Cena II

Uma sala no castelo.
(*Entram o Rei, a Rainha, Hamlet, Polônio e seu filho, Laertes, Voltemand, Cornélio, Lordes e séquito.*)

REI Conquanto viva na memória a morte
De Hamlet, nosso irmão, e nos assente
Manter em luto nossos corações,
E todo o nosso reino se concentre
Num aspecto severo de desgraça,
Nós, em discreta luta com a tristeza,
Com mais serena dor pensamos nele,
Lembrando-nos de nós ao mesmo tempo.
Assim, nossa ex-irmã, hoje rainha,
Viúva que partilha deste império
Belicoso — com mágoa na alegria,
Com olhos auspiciosos mas molhados,
Sorrisos no enterro e cantos fúnebres

Nas bodas, repartindo a dor e o júbilo —
Tomamos por esposa: não fugimos
Aos conselhos dos sábios, que julgaram
Esse caso: obrigado eu sou a todos.
Acontece que o jovem Fortimbrás,
Num fraco avaliar da nossa força
Ou pensando que, à morte do meu mano,
Nosso país seria desmembrado;
Juntando a isso sonhos ambiciosos,
Não hesitou em nos mandar ameaças,
No sentido da entrega dessas terras
Perdidas por seu pai, dentro da lei,
Para o nosso valente rei e irmão.
Sobre isso, basta. E quanto a nós, reunidos
Nesta assembleia, aqui vos informamos
Desse assunto: escrevemos sugerindo
Ao tio desse jovem Fortimbrás —
Que impotente e acamado mal conhece
A empresa do sobrinho — que suspenda
A marcha contra nós, porquanto as tropas,
Com tudo o que as equipa, são tomadas
De suas possessões. Ora enviamos
Cornélio e Voltemand, quais mensageiros
De nossa saudação ao Norueguês;
A ambos dando autoridade estrita
Para tratar co'o Rei, quanto requeiram
E permitam tais cláusulas ingratas.
Adeus; cumpri depressa esse dever.

VOLTEMAND Nisso, como no mais, o cumpriremos.

REI Não duvidamos. Boa sorte. Adeus.
(*Saem Voltemand e Cornélio.*)
Então, Laertes, quais as novidades?
Falaste num pedido; o que é, Laertes?
Nada podes pedir ao soberano

Que não obtenhas; qual a tua súplica,
Que eu não mude em oferta, e não pedido?
A ideia não é mais ao coração,
A mão mais instrumento para a boca,
Que o trono desta mesma Dinamarca
Para o teu pai. Que queres tu, Laertes?
Qual tua pretensão?

LAERTES Oh, meu senhor,
A vossa permissão e o vosso auxílio
Para voltar à França, de onde vim
Gostosamente à Dinamarca, há pouco,
Em reverência à vossa coroação.
Porém agora, esse dever cumprido,
Confesso que voltar desejo à França,
E a vós me curvo e peço-vos perdão.

REI Permitiu-o o teu pai? Que diz, Polônio?

POLÔNIO Ele obteve, senhor, minha licença,
Em demorada, longa, petição;
Assim, dei-lhe afinal consentimento:
Suplico, pois, que vós o consintais.

REI Assim seja, Laertes. Teus desejos
Sejam os guias do teu próprio tempo.
E agora, Hamlet, meu sobrinho e filho,

HAMLET (*à parte*) Mais que parente, menos do que filho.

REI Por que ainda te cobrem essas nuvens?

HAMLET Não, não, senhor. Estou em pleno sol.

RAINHA Meu filho, deixa agora a cor noturna
E deita olhos amigos sobre o rei.
Não continues sempre de olhos vagos,
Procurando teu pai no pó da terra:
Sabes como é fatal — tudo o que vive
Há de morrer, passando à eternidade.

HAMLET Ai, senhora, é fatal.

RAINHA Mas se é fatal
Por que é que te parece algo anormal?

HAMLET "Parece", não, senhora; é, não "parece".
Não é apenas meu casaco negro,
Boa mãe, nem solene roupa preta,
Nem suspiros que vêm do fundo da alma,
Nem o aspecto tristonho do semblante,
Co'as formas todas da aparente mágoa
Que mostram o que sou: esses "parecem",
Pois são ações que o homem representa:
Mas eu tenho no peito o que não passa;
Meus trapos são o adorno da desgraça.

REI É doce e até louvável que tua alma
Guarde assim esse luto por teu pai;
Mas, bem sabes, teu pai perdeu o pai;
Esse perdeu o dele; essa é a cadeia
De deveres filiais, que por seu turno,
Cada qual vai sofrendo. Mas manter-se
Em obstinado luto é teimosia
De ímpia obstinação; é desumano;
Mostra uma injusta oposição aos deuses,
Um coração sem força, uma impaciência,
Um fraco entendimento, uma ignorância,
A tudo que sabemos que há de ser.
Ao que é comum, vulgar, ao nosso senso,
Por que, numa atitude impertinente,
Nos devemos opor? É contra os céus,
Pecado contra os mortos, contra o mundo,
Absurdo sem razão, pois cabe aos pais
Morrer antes dos filhos, desde sempre...
E a estes, chorá-los; ontem como agora.
Há de ser sempre assim. Nós te pedimos,
Lança por terra essa tristeza inútil,
Pensa em nós como um pai: pois saiba o mundo

Que és o herdeiro mais próximo do trono;
E que não é menor o nobre afeto
Que aquele que um pai dedica ao filho,
Que eu te dedico. Quanto ao teu intento
De voltar para a escola em Wittemberg,
Isso é muito contrário ao nosso anseio:
Nós te rogamos, fica ao nosso lado,
No conforto e calor da nossa vista,
Primeiro cortesão, e nosso filho.

RAINHA Não deixes tua mãe perder-se em preces;
Não nos deixes, não vás a Wittemberg.

HAMLET A vós, senhora, eu obedecerei.

REI Essa é uma resposta bela e amável.
Sejas como nós mesmos, nesta terra.
Vinde, senhora; esse gentil acordo
Sorri ao meu espírito: em sua honra,
O alegre brinde que hoje beba o rei,
Nosso grande canhão dirá às nuvens,
E o céu celebrará essa homenagem
Repetindo o trovão. Vamos, senhora.

(*Clarinada. Saem todos, menos Hamlet.*)

HAMLET Oh, se esta carne rude derretesse,
E se desvanecesse em fino orvalho!
Ou que o Eterno não tivesse oposto
Seu gesto contra a própria destruição!
Oh, Deus! Como são gestos vãos, inúteis,
A meu ver, esses hábitos do mundo!
Que horror! São quais jardins abandonados
Em que só o que é mau na natureza
Brota e domina. Mas chegar a isto!
Morto há dois meses só! Não, nem dois meses!
Tão excelente rei, em face deste,
Seria como Hipério frente a um sátiro.

Era tão dedicado à minha mãe
Que não deixava nem a própria brisa
Tocar forte o seu rosto. Céus e terras!
Devo lembrar? Ela se reclinava
Sobre ele, qual se a força do apetite
Lhe viesse do alimento; e dentre um mês
— Não, não quero lembrar — Frivolidade,
O teu nome é mulher. Um mês apenas!
Antes que se gastassem os sapatos
Com que seguiu o enterro de meu pai,
Como Níobe em prantos... eis que ela própria...
Oh, Deus, um animal sem raciocínio
Guardaria mais luto — ei-la casada
Com o irmão de meu pai, mas tão diverso
Dele quanto eu de Hércules: um mês!
E apenas essas lágrimas culposas
Deixaram de correr nos falsos olhos,
Casou-se: Oh, pressa infame de lançar-se
Com tal presteza entre os lençóis do incesto!
Não 'stá certo, nem pode ter bom termo:
Estala, coração — mas guarda a língua!

(*Entram Horácio, Marcelo e Bernardo.*)

HORÁCIO Salve, senhor!
HAMLET Como me alegro em vê-los.
Horácio! Ou me esqueço de mim mesmo.
HORÁCIO Eu mesmo, este seu servo, meu senhor.
HAMLET Senhor! Meu bom amigo; esse é o nome
Que trocarei contigo. Mas que fados
Te trouxeram aqui, de Wittemberg?
A ti, Horácio? Salve, Marcelo.
MARCELO Meu bom senhor...
HAMLET Muito me alegra vê-lo.
(*para Bernardo*)

Boa noite.
Mas, enfim, o que te trouxe aqui de novo?

HORÁCIO Uma vontade de vadiar, senhor.

HAMLET Não quisera ouvir isso do inimigo
Nem quero em meus ouvidos a violência
De ouvir-te confirmar essa notícia
Contra ti mesmo; pois não és vadio.
Mas que assunto te traz a Elsinore?
Aprender a beber? Somos bons mestres.

HORÁCIO Senhor, vim para o enterro de seu pai.

HAMLET Peço-te não zombar de mim, colega;
Vieste para as bodas da rainha.

HORÁCIO Na verdade, foi logo em seguimento.

HAMLET Economia, Horácio! A carne assada
Do enterro serviu fria para as bodas.
Encontrasse eu no céu meu inimigo
Antes que ter vivido aquele dia!
Meu pai... como que o vejo aqui, meu pai.

HORÁCIO Onde, senhor?

HAMLET Nos olhos da memória.

HORÁCIO Eu o vi uma vez; um belo rei.

HAMLET Ele era um homem, e, pelo seu todo,
Não mais verei ninguém igual a ele.

HORÁCIO Senhor, creio que o vi ontem à noite.

HAMLET Viu? Quem?

HORÁCIO Senhor, o rei seu pai.

HAMLET Meu pai?

HORÁCIO Contenha seu espanto alguns segundos
De ouvido atento; até que eu lhe revele,
Com o testemunho destes cavalheiros,
Esse milagre.

HAMLET Sim, deixa-me ouvi-lo.

HORÁCIO Duas noites seguidas, esses jovens,
Marcelo e mais Bernardo, em sua guarda,

Na morta escuridão da noite em meio,
Tiveram esse encontro. Uma figura,
Como a do rei, armado de alto a baixo,
Surge diante dos dois, e em nobre passo
Anda lento e solene; assim três vezes
Diante de olhos atônitos, surpresos,
Passou-lhes bem por perto; eles, sem sangue,
Não lhe falaram; mas me confiaram
O terrível segredo que guardavam.
Eu fui com eles na terceira noite
À guarda; e no local onde estiveram,
Da mesma forma como o tinham visto,
Volta o fantasma. Eu conhecia o rei;
É realmente igual.

HAMLET Onde foi isso?

HORÁCIO Na plataforma onde fazemos guarda.

HAMLET Não lhe falaste tu?

HORÁCIO Falei, senhor.
Mas não me respondeu; a certa altura,
Ele ergueu a cabeça e parecia
Que ia mover os lábios e falar;
Mas nesse instante cantou alto o galo;
Ao ouvi-lo, tremeu, partiu depressa;
E desfez-se no ar.

HAMLET É muito estranho.

HORÁCIO Por minha vida, digo-lhe a verdade.
E nós julgamos que o dever se impunha
De fazê-lo saber o ocorrido.

HAMLET Certo, amigos. Mas isso me perturba.
Dareis guarda esta noite?

MAR., BER. Sim, daremos.

HAMLET Estava armado?

MAR., BER. Sim, senhor; armado.

HAMLET De alto a baixo?

MAR., BER. Da cabeça aos pés.
HAMLET E não vistes, assim, a sua face?
HORÁCIO Vimos, senhor; tinha a viseira erguida.
HAMLET Tinha o aspecto zangado ou carrancudo?
HORÁCIO Parecia mais triste que zangado.
HAMLET Pálido ou entumescido?
HORÁCIO Muito pálido.
HAMLET Fixou acaso os olhos sobre vós?
HORÁCIO Constantemente.
HAMLET Se eu estivesse lá!
HORÁCIO Teria tido um grande e rude choque.
HAMLET Por certo. Quanto tempo demorou-se?
HORÁCIO O tempo de, com calma, contar cem.
MAR., BER. Mais do que isso.
HORÁCIO Não quando eu o vi.
HAMLET Tinha a barba grisalha, não?
HORÁCIO A barba
Era como eu a vi em sua vida.
Cor de areia prateada.
HAMLET Irei à guarda.
Talvez venha de novo.
HORÁCIO Isso eu garanto.
HAMLET Se ele assume a aparência de meu pai,
Falar-lhe-ei nem que o inferno m'o proíba
E impeça de falar! Eu peço a todos,
Se até agora silenciaram isso,
Guardai silêncio ainda por mais tempo.
E do que acontecer durante a noite,
Dai vosso entendimento, não palavras.
Vossa amizade eu recompensarei.
Até logo: entre as onze e a meia-noite
Irei vê-los.
TODOS As nossas homenagens.
HAMLET Vossa amizade, como a minha. Adeus.

(*Saem todos, menos Hamlet.*)
O vulto de meu pai armado! É grave.
Talvez uma cilada. Venha a noite!
Até lá, paz, minh'alma: a vilania,
Mesmo oculta, há de vir à luz do dia.
(*Sai.*)

Cena III

Em casa de Polônio.
(*Entram Laertes e Ofélia.*)

LAERTES Minha bagagem embarcou; adeus.
E, minha irmã, se o vento for amigo
E houver comboio, não demores muito
Em me mandar notícias.
OFÉLIA Mas tens dúvidas?
LAERTES Quanto a Hamlet, e às suas gentilezas,
Deves tomá-las por brinquedo ou farsa;
Uma flor da primeira juventude,
Ardente, não fiel; doce e não firme,
O perfume e a brandura de um minuto,
Não mais.
OFÉLIA Assim, não mais?
LAERTES Não penses nisso.
A natureza não se desenvolve
Apenas em volume; enquanto cresce,
O corpo, a alma e o espírito se estendem,
Crescem também. Talvez ele te ame
Agora, e não há mácula ou embuste
Que manche o seu desejo; mas, cuidado:
Ele é um nobre, e assim sua vontade
Não lhe pertence, mas à sua estirpe.

Ele não pode, qual os sem valia,
Escolher seu destino: dessa escolha
Dependem segurança e bem do Estado;
Assim, o seu desejo se submete
À voz e ao comando desse corpo,
Do qual ele é a cabeça. Se ele afirma
Que te ama, cabe a ti acreditar
Somente no que possam permitir
A sua posição e a Dinamarca.
Pesa então o perigo da tua honra,
Se de crédulo ouvido ouves seu canto,
Se dás o coração e o teu tesouro
De pureza ao seu ímpeto incontido.
Teme-o, Ofélia; teme-o, irmã querida;
Conserva o teu tesouro de pureza
Longe do alcance e risco do desejo.
A jovem mais prudente ainda é pródiga
Se exibe os seus encantos ao luar:
Virtude não escapa da calúnia;
O verme fere a flor da primavera,
Às vezes antes que o botão desponte;
E no orvalho sutil da mocidade
São comuns os contágios que corrompem.
O medo é a melhor arma da virtude;
Pois o desejo engana a juventude.

OFÉLIA Guardarei a lição que me ofereces
Para me defender. Mas, meu irmão,
Não faças como às vezes os pastores
Que nos mandam, entre urzes, para o céu,
Enquanto eles próprios, libertinos,
Vão na trilha de flores que nos perde
Sem ouvir bons conselhos.

LAERTES Não o temas.
Já tardo muito; mas lá vem meu pai.

(*Entra Polônio.*)
Bênção dobrada é uma dupla graça;
Que a ocasião sorria ao novo adeus!

POLÔNIO Ainda aqui, Laertes! Corre a bordo!
O vento sopra as velas do teu barco,
E tu ficas. Recebe a minha bênção!
Guarda estes poucos lemas na memória:
Sê forte. Não dês língua a toda ideia,
Nem forma ao pensamento descabido;
Sê afável, mas sem vulgaridade.
Os amigos que tens por verdadeiros,
Agarra-os a tu'alma em fios de aço;
Mas não procures distração ou festa
Com qualquer camarada sem critério.
Evita entrar em brigas; mas se entrares,
Aguenta firme, a fim de que outros te temam.
Presta a todos ouvido, mas a poucos
A palavra: ouve a todos a censura,
Mas reserva o teu próprio julgamento.
Veste de acordo com a tua bolsa,
Porém sê rico sem ostentação,
Pois o ornamento às vezes mostra o homem,
Que em França os de mais alta sociedade
São seletos e justos nesse ponto.
Não sejas usurário nem pedinte:
Emprestando há o perigo de perderes
O dinheiro e o amigo; e se o pedires,
Esquecerás as normas da poupança.
Sobretudo sê fiel e verdadeiro
Contigo mesmo; e como a noite ao dia,
Seguir-se-á que a ninguém serás falso.

LAERTES Humilde me despeço, meu senhor.

POLÔNIO O tempo corre; segue os teus criados.

LAERTES Adeus, Ofélia; e guarda para sempre
O que eu disse.

OFÉLIA 'Stá trancado em minha mente,
E só tu mesmo tens a chave dela.

LAERTES Adeus. (*Sai.*)

POLÔNIO Que foi, Ofélia, que te disse?

OFÉLIA Algo que diz respeito ao nobre Hamlet.

POLÔNIO Ora, isso é bem lembrado. Ultimamente,
Dizem que ele se ocupa e se distrai
Muito tempo contigo; e que tu mesma
Tens sido muito assídua e generosa.
Se é assim — e isso muito me preocupa
E me causa cuidado —, eu te previno:
Tu não vês a ti mesma com clareza,
Como convém à tua própria honra.
Que é que existe entre vós? Diz a verdade.

OFÉLIA Ele tem confessado ultimamente
Sua afeição por mim.

POLÔNIO Sua afeição!
Falas como criança inexperiente,
Ingênua nessa causa perigosa.
Crês nessas confissões, se assim as chamas?

OFÉLIA Eu não sei, meu senhor, o que pensar.

POLÔNIO Eu te ensino: és apenas uma criança,
Tomaste essas palavras por moedas,
Mas são falsas. Precisas ter consciência
Do teu valor; ou — para ser mais claro —
Não quero que me faças de idiota.

OFÉLIA Senhor, ele me mostra o seu amor
De forma honrada.

POLÔNIO Ai, pura fantasia.

OFÉLIA Ele apresenta sempre a sua fala
Cercada de promessas celestiais.

POLÔNIO São armadilhas para apanhar rolas.

Eu bem sei como o sangue, quando ferve,
É pródigo em promessas; essas brasas
Dão mais luz que calor, e quando morrem
— Mera promessa — não perdura nada.
Não as tomes por fogo. De hoje em diante,
Sê da tua presença mais avara;
Põe mais alto o objetivo de teus rogos,
Mero pretexto de aproximação.
Em relação a Hamlet, crê apenas
Que ele é jovem e a ele é permitido
Andar de freio largo; não a ti.
Ofélia, não te iludas com essas juras,
Pois não são o que mostram na roupagem,
Mas simples rogos para fins profanos,
Soando como preces e murmúrios
Pra melhor atrair. Numa palavra,
Não quero que repitas, de ora avante,
Essas conversas com o nobre Hamlet.
Ouve bem; eu te ordeno: segue agora
O teu caminho.

OFÉLIA Eu obedecerei.
(*Saem.*)

Cena IV

A plataforma.
(*Entram Hamlet, Horácio e Marcelo.*)

HAMLET O ar corta como lâmina. Que frio!
HORÁCIO Faz um frio mordente e penetrante.
HAMLET Que horas são?
HORÁCIO Não ainda meia-noite.

MARCELO Sim, já soou.

HORÁCIO Realmente? Eu não ouvi.
Aproxima-se então a hora propícia
Em que o espírito faz o seu passeio.
(*Ouvem-se, fora, um toque de trombetas e dois disparos de canhão.*)
Que significa isso, meu senhor?

HAMLET O rei não dorme e, erguendo sua taça,
Rege o banquete e as danças saltitantes,
Enquanto de um só trago bebe o Reno.
As trompas e os tambores lhe proclamam
Os feitos triunfais.

HORÁCIO Isso é costume?

HAMLET Dos mais antigos; mas para mim, embora
Seja filho da terra e tenha sido
Criado sempre afeito aos velhos hábitos,
É costume que deve ser banido,
Em vez de conservado. A leste e a oeste,
Outros povos acusam-nos e apontam —
Por causa dessas farras — como bêbados,
E nos tacham de porcos e relapsos.
Realmente isso nos tira os altos feitos,
A força e a essência da reputação.
Isso acontece às vezes com um homem,
Que só por marca vil da natureza,
Traz em si vício único e inato,
Do qual não é culpado, pois a vida
Não escolhe as origens – ou ainda
Por um exuberante e oculto impulso
Que lhe quebra os limites da razão;
Ou por costume, que domina e invade
As boas normas — essa criatura,
Que traz, repito o estigma de um defeito,
Por herança infeliz ou má estrela,

Suas virtudes — sejam as mais puras
Ou infinitas quanto possam ser —
Ficarão corrompidas ao contato
Dessa pecha, essa gota venenosa,
Que apaga às vezes toda a nobre essência,
Para o seu mal.

HORÁCIO Ei-lo que vem, senhor!

(*Entra o Fantasma.*)

HAMLET Anjos e forças celestiais, guardai-nos!
Sejas um bom espírito ou demônio;
Tragas contigo auras de paraíso
Ou rajadas de inferno; sejam puros
Maus os teus intentos, vens com forma
Tão cara e tão estranha que eu desejo
Falar contigo: eu vou chamar-te Hamlet;
Rei, pai, dinamarquês real: responde!
Não me deixes morrer nesta ignorância;
Diz por que é que teus ossos abençoados,
Sepultados na terra, arrebentaram
Os panos da mortalha; e o teu sepulcro,
Onde te vimos enterrado e quieto,
Abriu de novo a poderosa goela
Para te rejeitar? Que significa
Que tu, morto, de novo em aço armado,
Voltes assim sob o clarão da lua,
Tornando horrenda a noite, e a nós, pasmados,
Fazendo-nos tremer horrivelmente
Com pensamentos que a alma não atinge?
Diz, que é isto? Por quê? E o que faremos?

(*O Fantasma acena para Hamlet.*)

HORÁCIO Ele o chama para que o siga,
Como se lhe quisesse, e a si somente,

Dizer alguma coisa.

MARCELO Veja o gesto
Polido com que ele acena e o convida
A segui-lo; não julgo aconselhável
Fazê-lo.

HORÁCIO E não irá, senhor, de modo algum.

HAMLET Ele não vai falar; irei com ele.

HORÁCIO Não, não vá, senhor.

HAMLET Por que temê-lo?
Minha vida não vale um alfinete;
E minh'alma, que risco há para ela,
Sendo ele imortal como ela mesma?
Eis que outra vez me chama; vou segui-lo.

HORÁCIO E se ele o levar para a corrente
Ou para esses rochedos perigosos
Que pendem debruçados sobre o mar,
E lá venha a tomar formas terríveis
Que o possam privar da lucidez
E conduzi-lo à loucura? Repare:
Só o cenário deste ponto estranho
Pode levar ao desespero a mente
Daquele que contempla esses fantasmas
Do próprio mar, ouvindo o uivar embaixo.

HAMLET Ele me acena. Vamos! Vou seguir-te!

MARCELO Não há de ir, senhor!

HAMLET Não me segures.

HORÁCIO Seja sensato. Não vá.

HAMLET O meu fado
Me conclama e me torna cada artéria
Tão rija quanto os nervos do leão
De Nemeia. Outra vez ele me chama:
Largai-me, meus amigos; pelos santos,
Farei fantasma quem me detiver!
Largai-me, digo! Vamos, vou segui-lo!

(Saem Hamlet e o Fantasma.)

HORÁCIO Ele se exalta na imaginação.
MARCELO Vamos segui-lo. Não lhe obedeçamos.
HORÁCIO Vamos. Em que dará tudo isto?
MARCELO Algo está podre aqui na Dinamarca.
HORÁCIO Os céus decidirão.
MARCELO Vamos segui-lo.

(Saem.)

Cena V

Outro ponto da plataforma.
(Entram o Fantasma e Hamlet.)

HAMLET Aonde me levas? Fala; eu não prossigo.
FANTASMA Ouve.
HAMLET Ouvirei.
FANTASMA Está chegando a hora
Em que devo voltar para os tormentos
Das chamas sulfurosas.
HAMLET Pobre espectro!
FANTASMA Não me lamentes, mas escuta, atento,
O que revelo.
HAMLET Fala; é meu dever
Ouvir-te.
FANTASMA E, após ouvir, deves vingar-me.
HAMLET O quê?
FANTASMA Sou o espectro de teu pai;
Condenado a vagar durante a noite,
Por algum tempo, e a jejuar de dia,
Preso no fogo, até que este consuma
E purifique as faltas criminosas
Que cometi em vida. Mas proibido

De contar os segredos do meu cárcere,
Pois se os narrasse, a mínima palavra
Cortaria tu'alma e gelaria
O próprio sangue jovem do teu corpo;
Faria teus dois olhos, como estrelas,
Saltar das órbitas, e os teus cabelos
Eriçarem-se rijos, como as cerdas
Se eriçam no irritado porco-espinho.
Mas revelar não posso o eterno arcano
Aos ouvidos humanos. Ouve! Escuta!
Ouve! Se amaste um dia um pai querido...

HAMLET Oh, Deus!

FANTASMA Vinga a sua alma e o seu assassinato!

HAMLET Assassinato?

FANTASMA Assassinato, sim, sempre covarde,
Mas desta vez mais torpe e mais covarde.

HAMLET Conta-me logo, para que eu, com asas
Rápidas como a ideia ou como o amor,
Voe à vingança!

FANTASMA Era o que esperava.
Serias mais apático e mais lento
Que a raiz que apodrece junto ao Letes,
Se não fizesse isso. Agora, Hamlet,
Escuta: dizem que eu, quando dormia
No meu jardim, fui vítima da raiva
De uma serpente; e assim, na Dinamarca
Toda, essa história em torno de mim forjada
Foi repetida como verdadeira.
Mas tu, meu nobre jovem, toma nota
De que a serpente que tirou a vida
De teu pai, usa agora a sua coroa.

HAMLET Oh, minh'alma profética; meu tio!

FANTASMA Essa víbora, adúltera e incestuosa,
Cujos feitiços, cujos dons traiçoeiros,

Pérfidos dons, que prendem e seduzem,
Souberam conquistar para a luxúria
A aparente virtude da rainha.
Oh, Hamlet, que terrível decadência!
Do meu amor, cheio de dignidade,
Que andava sempre unido ao nobre voto
Que fizera ao casar-me, ir declinando,
Cedendo ao miserável, cujos dotes
Naturais são tão pobres junto aos meus!
Mas se a virtude é forte, é inabalável,
Ainda que a lascívia ande a tentá-la;
Já a luxúria, embora unida a um anjo
Resplendente, sacia-se de um leito
Puro e vai repastar-se num monturo.
Mas, alto lá. Pressinto o ar da manhã.
Devo ser breve. Como de costume,
Dormia eu à tarde, no jardim;
Teu tio, aproveitando essa hora incauta,
Furtivamente, conduzindo um frasco
Com a maldita essência do memendro,
Me fez cair nas conchas das orelhas
Essas gotas terríveis, cujo efeito
Tem tal inimizade ao sangue humano
Que, lesta como o azougue, elas percorrem
Todas as veias e canais do corpo
E, de repente, coagulam e talham
O sangue fino e fluido. Assim, meu sangue
De rápida erupção cobriu meu corpo,
Como se eu fosse um lázaro, co'a crosta
Mais vil e repelente.
Dormia eu, pois, quando essa mão fraterna
Roubou-me a vida, o cetro e a rainha:
Ceifou-me em plena flor dos meus pecados,
Sem sacramentos, sem extrema-unção,

Sem ter prestado contas dos meus erros,
Cheio de imperfeições em minha mente.
É horrível, horrível, mais que horrível!
Se tens consciência em ti, não o toleres;
Não deixa o leito real da Dinamarca
Ser guarida do incesto e da luxúria.
Mas, como quer que cumpras esse feito,
Não mancha o teu espírito, nem deixa
Tu'alma agir contra tua mãe: entrega-a
Aos céus; e que os espinhos que ela guarda
No seio a firam de remorso. Adeus,
Agora, a vaga luz intermitente
Do vaga-lume prenuncia a aurora
E começa a perder seu frágil fogo.
Adeus! Adeus! Recorda-te de mim!
(*Sai.*)

HAMLET Hostes dos céus! Oh, terra! E o que mais?
Devo juntar o inferno? Ai, coração,
Não estala! Nem vós, meus pobres nervos,
Não rompei; sustentai-me com firmeza.
Recordar-te! Por certo, alvo fantasma!
Enquanto houver memória neste globo
Atônito. Lembrar-te! Certamente!
Apagarei das tábuas da memória
Tudo o que de supérfluo ali perdure,
Leituras, sentimentos, impressões
Que a mocidade ali gravou um dia;
Só o teu mandamento permaneça
Nas páginas do livro do meu cérebro,
Destacado de tudo. Pelos céus!...
Oh, mulher perniciosa!
Oh, vilão sorridente, mas danado!
É mister que eu escreva os meus preceitos:
Alguém pode sorrir e ser um crápula;

Pelo menos, é certo, nesta terra
Da Dinamarca; assim és tu, meu tio
(*Escrevendo.*)
Agora, uma palavra por divisa:
"Adeus! Adeus! Recorda-te de mim!"
Jurei-o.

HORÁCIO (*fora*) Senhor!

MARCELO (*fora*) Príncipe Hamlet!

HORÁCIO (*fora*) Deus o guarde!

HAMLET Assim seja!

MARCELO (*fora*) Olá! Olá, meu senhor!

HAMLET Olá! Olá, rapaz! Vem, passarinho!

(*Entram Horácio e Marcelo.*)

MARCELO Que tal, nobre senhor?

HORÁCIO Que novidades?

HAMLET Assombrosas!

HORÁCIO Senhor, conte-nos isso!

HAMLET Não, pois ireis contá-las.

HORÁCIO Pelos céus!
Eu não, senhor; eu não.

MARCELO Nem eu, tampouco.

HAMLET Que dizem disto? Um coração humano
Iria, por acaso, imaginá-lo?
Guardareis um segredo?

HOR., MAR. Pelos céus!

HAMLET Não há um só vilão na Dinamarca
Que não seja um velhaco.

HORÁCIO Pra dizê-lo,
Não é preciso que um fantasma saia
De sua cova.

HAMLET É certo; é muito certo;
E assim, sem mais rodeios, separemo-nos:
Vós pr'onde vos leve algum negócio

Ou um desejo; pois não há criatura
Que não tenha negócios ou desejos.
Quanto a mim, pela minha humilde parte,
Vede, eu irei rezar.

HORÁCIO Mas que palavras
Tão estranhas, senhor, e desconexas.

HAMLET Lamento se as palavras vos ofendem.
Sinto-o deveras.

HORÁCIO Não houve ofensa.

HAMLET Mas certamente houve também ofensa,
Por São Patrício, e grande, neste caso.
Quanto à visão, é um fantasma honesto;
Isso eu vos digo: e quanto ao vosso anseio
De saber o que houve entre mim e ele,
Tereis de vos conter. E agora, amigos,
Pois sois amigos, mestres e soldados,
Faço-vos um pedido.

HORÁCIO Qual, senhor?

HAMLET Não conteis a ninguém o que aqui vistes.

HOR., MAR. Senhor, não contaremos.

HAMLET Não; jurai.

HORÁCIO Por minha fé, não eu.

MARCELO Nem eu, senhor.

HAMLET Sobre esta espada.

MARCELO Mas nós já juramos.

HAMLET Digo-vos, sobre a espada! Assim!

FANTASMA (*Gritando sob o palco.*) Jurai!

HAMLET Olá, rapaz. Estás aí, amigo?
Vamos, ouvistes essa voz oculta?
Consenti em jurar.

HORÁCIO Com que palavras?

HAMLET Nunca falar daquilo que hoje vistes,
Jurai sobre esta espada.

FANTASMA Sim, jurai!
(*Eles juram.*)
HAMLET *Hic et ubique?*
Vamos nós, portanto,
Mudar de ponto. Vinde, meus senhores,
E ponde as mãos de novo sobre a espada:
Nunca falar daquilo que hoje ouvistes,
Jurai por minha espada.
FANTASMA Sim, jurai!
(*Eles juram.*)
HAMLET Dizes bem, oh, toupeira! Tão depressa
Caminhas sob a terra? És sapador?
Mais uma vez mudemos de lugar.
HORÁCIO Dia e noite! Isso é muito estranho!
HAMLET Pois como estranho demo-lhe acolhida!
Há mais coisas, Horácio, em céus e terras,
Do que sonhou nossa filosofia.
Mas vinde. Agora e sempre (o céu nos valha),
Por estranho que eu possa parecer-vos
— Se por acaso, doravante, eu queira
Tomar uma atitude extravagante —,
Jurai que nunca, quando assim me virdes,
Não tereis nenhum gesto, nem meneio,
Nem direis qualquer frase duvidosa,
Como "Ora, nós sabemos" ou "Podíamos,
Se quiséssemos" ou "Se nós falássemos",
"Há quem possa falar" ou outra frase
Ambígua, pela qual se desconfie
Algo de mim. Jurai. Nesses momentos,
Graça e misericórdia vos ajudem!
FANTASMA Jurai!

(*Eles juram.*)
HAMLET Descansa, espírito agitado!

Com todo o meu afeto eu me despeço:
E tudo o que o meu pobre ser consiga
Para exprimir estima e simpatia,
Se Deus o permitir, não faltará.
Entremos. E guardai este segredo.
O tempo é de terror. Maldito fado
Ter eu de consertar o que é errado.
Vamos, entremos juntos, camaradas.

(*Saem.*)

Ato II
Cena I

A casa de Polônio.
(*Entram Polônio e Reinaldo.*)

POLÔNIO Entregue-lhe esta carta e este dinheiro.
REINALDO Sim, senhor.
POLÔNIO Porém mostre a perspicácia
De indagar, antes de ir visitá-lo,
Do seu procedimento.
REINALDO Eu o farei.
POLÔNIO Muito bom, muito bom. Veja, senhor,
Se me pode indagar que conterrâneos
Há em Paris, e como e com que meios
Vivem eles; e o gasto, e as companhias.
Procure, com rodeios e cuidados,
Saber se eles conhecem o meu filho;
Se conhecerem, pode ir mais longe,
Interrogando mais diretamente.
Finja que o conhece de longe e pouco;

Diga: conheço o pai e seus amigos,
Ele bem pouco; ouviu-me bem, Reinaldo?

REINALDO Sim, ouvi, meu senhor.

POLÔNIO Ele, bem pouco. Não conheço bem;
Mas se é quem penso, é um rapaz estranho,
Desregrado e vadio: pode pôr-lhe
As invenções que ocorram; não tão graves
Que o possam desonrar — cuidado nisso —,
Mas, senhor, esses vícios e defeitos
Que são os companheiros mais frequentes
Da juventude livre.

REINALDO Como o jogo.

POLÔNIO Sim, como o jogo, a bebida, a vadiagem,
As brigas, os caprichos, as mulheres...

REINALDO Mas, senhor, isso iria desonrá-lo.

POLÔNIO Qual nada se souber bem moderar
A acusação. Não o acuse de escândalo,
Da mais completa incontinência; isso
Não é o que pretendo — mas, jeitoso,
Sopre seus erros com tamanha astúcia
Que pareçam senões da liberdade;
Explosões de um espírito fogoso,
Erros de um sangue jovem e indomado,
Comuns na juventude.

REINALDO Mas, senhor...

POLÔNIO E por que é que eu quero que o faça?

REINALDO Isso é o que eu, senhor, quero saber.

POLÔNIO Este é o meu plano, que parece certo,
Mais que seguro: acusará meu filho
Dessas pequenas falhas, qual se fossem
Atritos naturais de seu estado.
Repare que a pessoa que o ouve
Pode ter visto o jovem acusado
Praticar esses atos que citamos:

Nesse caso, ele diz, em consequência,
Assim: "Bom senhor" ou "Cavalheiro",
De acordo com a linguagem e as maneiras
Usadas pelo povo do país.

REINALDO 'Stá bem, senhor.

POLÔNIO E nesse ponto, o mesmo...
Que é mesmo que eu dizia? Pela missa,
Eu estava dizendo alguma coisa;
Onde foi que eu parei?

REINALDO "Em consequência";
Em "meu amigo" ou "meu senhor".

POLÔNIO Parei
Em "consequência"; e ele "eu conheço o jovem",
"Eu o vi ontem ou há poucos dias",
Tal e tal dia, com fulano ou outro.
Como disse, jogava em tal lugar;
Noutro lugar, mostrou-se embriagado,
Ou noutro logo terminou brigando;
Dirá talvez que o viu entrar na casa
De uma mulher, ou antes, num bordel...
Ou coisa assim. Veja como com a isca
Da mentira pescou toda a verdade.
Assim fazemos nós, com descortino,
Chegando ao alto por sinuosas curvas.
Com estes meus conselhos e preceitos,
Tudo há de descobrir sobre o meu filho.
O senhor me entende, não?

REINALDO Sim, meu senhor.

POLÔNIO Então, adeus. Que a viagem seja boa.

REINALDO Bem, meu senhor, adeus.

POLÔNIO Vá observá-lo
Em sua própria inclinação.

REINALDO Irei.

POLÔNIO Veja-o mostrar qual é a sua missa.
REINALDO Está bem, meu senhor. Adeus.
POLÔNIO Adeus.
(*Sai Reinaldo.*)

(*Entra Ofélia, muito agitada.*)
Que tens, Ofélia?
OFÉLIA Pai, tive tal susto!
POLÔNIO Por Deus, mas como foi que te assustaste?
OFÉLIA Senhor, 'stava eu cosendo no meu quarto,
Quando o príncipe Hamlet, maltrajado,
Sem chapéu, tendo as meias enroladas
Pelas pernas, sem ligas, branco e pálido
Como o linho, os joelhos tremulantes,
Com o olhar de tão fúnebre expressão
Como se nos viesse dos infernos
Falar de horrores — vem diante de mim.
POLÔNIO Louco por teu amor?
OFÉLIA Senhor, não sei,
Mas temo que seja assim.
POLÔNIO Que te disse?
OFÉLIA Tomou-me pelos pulsos fortemente:
Logo afastou-se ao longo de seu braço,
E co'a outra mão erguida sobre os olhos
Pôs-se a mirar-me o rosto de tal modo,
Como para sorvê-lo; muito tempo
Assim ficou; depois tomou-me o braço
E abanando a cabeça de alto a baixo
Arrancou um suspiro tão profundo
Que pareceu-me ser bastante abalo
Para levá-lo à morte. Então deixou-me
E, curvando a cabeça sobre o ombro,
Caminhou desprezando os próprios olhos,
Pois saiu pela porta sem usá-los,

Mantendo sempre em mim a sua luz.

POLÔNIO Anda comigo; vou falar ao rei.
Esse é o chamado êxtase do amor,
Cuja violência chega a destruir-se,
E leva os seres para o desespero,
Mais vezes que as paixões que, neste mundo,
Afligem os mortais. Eu o lamento.
Terás, acaso, usado ultimamente
Palavras muito duras?

OFÉLIA Não, senhor.
Mas, observando aquilo que ordenou,
Repeli suas cartas e neguei
Sua presença.

POLÔNIO Isso tornou-o louco.
Lamento não ter tido mais cuidado
Nem julgado melhor; temia sempre
Que brincasse contigo e te trouxesse
Algum pesar. Perdoa o meu ciúme.
Parece que é comum, na minha idade,
Ser sombrio demais no julgamento,
Do mesmo modo que é comum ao jovem
Falar sem discrição. Vamos ao rei!
Ele deve saber o que, escondido,
Causará maior mal que em ser ouvido.

(*Saem.*)

Cena II

Sala do castelo.
(*Entram o Rei, a Rainha, seguidos por Rosencrantz, Guildenstern e Séquito.*)

REI Bem-vindos, Rosencrantz e Guildenstern!
Além do nosso anseio para revê-los,
Causou nosso chamado o precisarmos
De vosso auxílio. Certo, alguma coisa
Já vos falaram da transformação
Que houve em Hamlet; assim a chamaremos,
Já que nem na aparência e nem no ânimo
Ele é o mesmo. A causa deste fato,
Além da morte de seu pai, que tanto
O pôs fora do próprio entendimento,
Não posso nem sonhar. Eu vos imploro,
Por serdes seus amigos de criança,
Companheiros da sua adolescência,
Que concordeis em demorar na corte
Por uns tempos, lhe dando companhia,
Arrastando-o a prazeres, e buscando,
Conforme a ocasião que se ofereça,
O que assim aflige o seu espírito
Que, revelado, possa ter remédio.

RAINHA Senhores, ele fala sempre em vós;
E estou certa que não há na vida
Quem mais sincero afeto lhe mereça.
Se nos quereis mostrar boa vontade
E gentileza aqui ficando um pouco
Para cumprir as nossas esperanças,
Terá vossa visita recompensas
Dignas de um rei.

ROSENCRANTZ Vós poderíeis antes
Mandar, e não pedir, oh, majestades,
Com poder soberano sobre nós.

GUILDENSTERN Mas nós obedecemos, e fazemos
A entrega de nós mesmos ao serviço
Que voluntariamente dedicamos
Ao vosso mando.

REI Graças, Rosencrantz;
E gentil Guildenstern, muito obrigado.
RAINHA Agradeço também a Guildenstern,
E ao gentil Rosencrantz. E aqui vos peço
Que visiteis imediatamente
Meu tão mudado filho. Um de vós vá
Levar estes dois jovens junto a Hamlet.
GUILDENSTERN Sejam nossa presença e nossos atos
De utilidade para ele!
RAINHA Amém.

(*Saem Rosencrantz, Guildenstern e outros.*)

(*Entra Polônio.*)

POLÔNIO Senhor, os emissários da Noruega
Voltaram satisfeitos.
REI Vós ainda
Fostes o portador de boas-novas.
POLÔNIO Fui, meu senhor? E posso assegurar-vos
Que cuido o meu dever como a minh'alma,
Ambas para o meu Deus e o meu bom rei!
E penso — ou meu cérebro hesitante
Não mais segue o caminho do costume —
Que encontrei o motivo verdadeiro
Da demência de Hamlet.
REI Falai disso;
Anseio por ouvir a explicação.
POLÔNIO Dai entrada primeiro aos emissários;
Minhas notícias coroarão a festa.
REI Fazei as honras, e trazei-os logo,
(*Sai Polônio.*)
Ele me diz, Gertrudes, que encontrou
O que traz a seu filho o destempero.

RAINHA Duvido que não seja o mesmo sempre:
A morte de seu pai e este apressado
Casamento.

REI Veremos o que sabe.
(*Volta Polônio, com Voltemand e Cornélio.*)
Bem-vindos, bons amigos. Voltemand,
Trazeis novas do rei da Noruega?

VOLTEMAND Retribui cumprimentos e bons votos.
Logo que nos ouviu, mandou sustar
As hostes do sobrinho, que supunha
Serem preparações contra a Polônia.
Mas, reparando, viu que realmente
Se erguiam contra vossa majestade.
Sentindo que o iludiam — velho
e fraco —,
Chama por Fortimbrás: este obedece,
Aceita a repreensão e jura ao rei
Nunca mais contra vós armar-se em guerra.
O velho rei, tomado de alegria,
Dá-lhe por ano trinta mil coroas
E investe-o da missão de ir combater
A Polônia co'os mesmos elementos
Alistados por ele contra nós;
E envia a petição, que aqui vos trago,
De permitirdes que essas mesmas tropas
Atravessem em paz e segurança
Vossos domínios para a operação,
Conforme aqui propõe.

REI Isso me apraz;
Depois de refletir e ler com tempo
Esse texto, enviaremos a resposta.
Enquanto isso, agradeço o vosso zelo:
Agora, descansai — à noite, juntos,
Festejaremos essa alegre volta.

(*Saem Voltemand e Cornélio.*)

POLÔNIO Esse negócio teve um bom final.
Meu rei, minha senhora — especular
O que é a majestade, o que é dever,
Por que o dia é dia e a noite, noite,
E o tempo, tempo, é perder noite e dia
E tempo. Se ser breve é ter espírito,
Se o tédio é feito de floreios óbvios,
Resumo: vosso filho enlouqueceu.
Ficou louco, e a loucura verdadeira
Não se define: é louco quem é louco.
Mas basta.

RAINHA Mais verdade e menos arte.

POLÔNIO Juro, senhora, que não uso de arte.
Que está louco, é verdade; e é muito triste.
E é triste ser verdade: um pobre louco!
Mas não prossigo, pois não uso de arte.
Louco está, com certeza; resta agora
Descobrirmos a causa deste efeito,
Ou antes, a razão deste defeito,
Pois efeito e defeito hão de ter causa.
Resta encontrá-la, e assim saber o resto.
Ponderai!
Tenho uma filha — tenho-a enquanto é minha —
Que, com docilidade e obediência,
Deu-me isto: lede, e concluí vós mesmos.
(*Lê a carta.*)
"*Celestial Ofélia, idolatrada de minh'alma,*
formosa, mais que bela"
É uma frase infeliz e sem finura,
Porém tendes de ouvir. Sigo, portanto:
"*Em seu marmóreo seio, estas*"

RAINHA Foi Hamlet quem mandou isso a Ofélia?

POLÔNIO Um momento, senhora; eu sou fiel. (*Lê.*)
"*Duvida que as estrelas tenham fogo,*
Duvida que o Sol tenha luz e ardor;
Duvida da verdade como um jogo,
Mas não duvides, não, do meu amor.
Querida Ofélia, eu não sou bom poeta e não tenho arte para traduzir meus gemidos. Mas que te amo mais que a tudo, oh, muito mais, crê sempre. Teu para sempre, enquanto lhe pertencer esta máquina. Hamlet."
Isto mostrou-me a filha obediente
E depois disso todos os seus rogos,
Por vários meios, horas e lugares,
Me foram transmitidos.

REI Porém ela,
Como o aceitou?

POLÔNIO Por quem me tomais vós?

REI Por um homem honrado e verdadeiro.

POLÔNIO Pretendo ser; mas que diríeis vós
Se, ao ver esse amor tomando vulto,
Como eu o vi, antes que minha filha
O confessasse — o que diríeis vós,
Ou a nobre rainha aqui presente,
Se eu tivesse servido de correio
Ou feito ouvidos surdos e olhos cegos,
Ou feito vista grossa a esse amor.
Que pensaríeis vós? Não! Fui direto
Ao que importava, assim dizendo à filha:
"Hamlet é um nobre, além da tua estrela;
Isto não pode ser." E aconselhei-a
Que ela se recolhesse e se isolasse,
Não recebesse cartas nem lembranças.
Ela ouviu docilmente os meus conselhos.
Em resumo: eis que Hamlet, repelido,
Cai em tristeza; segue-se o fastio,

Depois a insônia, e logo, enfraquecido,
Cai na melancolia e, em consequência,
Na loucura em que agora se debate,
E que nós lamentamos.

REI — Crês que é isso?

RAINHA — Pode muito bem ser.

POLÔNIO — Já houve caso
Em que eu dissesse positivamente
"É isso", e não o fosse?

REI — Não que eu saiba.

POLÔNIO — Tirai esta cabeça destes ombros
Se não é como acabo de dizer.
Se os fatos me ajudarem, acharei
A verdade escondida, nem que esteja
Enterrada.

REI — Mas como proceder?

POLÔNIO — Sabemos que ele anda horas a fio
Nas galerias.

RAINHA — Isso é bem verdade.

POLÔNIO — Mando, então, encontrá-lo, minha filha.
Juntos, atrás de uma tapeçaria,
Os veremos a sós. Se ele não a ama,
E não tiver por isso enlouquecido,
Deixarei este posto no governo
E irei ser fazendeiro.

REI — Tentaremos.

(*Entra Hamlet, lendo um livro.*)

RAINHA — Mas vede como vem, tristonho, lendo.

POLÔNIO — Deixai-me, por favor; deixai-me, ambos.
Vou dirigir-me a ele, sem demora.
Deixai-me.
(*Saem o Rei e a Rainha.*)
Como passa o meu príncipe?

HAMLET — Bem, graças a Deus.

POLÔNIO Sabeis quem sou?

HAMLET Sei muito bem. O senhor é um peixeiro.

POLÔNIO Eu não, senhor.

HAMLET Pois gostaria que fosse homem assim tão honesto.

POLÔNIO Honesto, meu senhor?

HAMLET Sim, senhor. E ser honesto, no mundo como anda, é ser um homem entre dez mil.

POLÔNIO Lá isso é verdade, senhor.

HAMLET Pois se o Sol gera larvas num cão morto, que é boa carcaça para beijar... Tem uma filha?

POLÔNIO Tenho, senhor.

HAMLET Não a deixe andar ao Sol. A concepção é uma bênção, mas não como possa conceber a sua filha. Amigo, cuidado.

POLÔNIO (*à parte*) Que me dizem disso? Sempre insistindo em minha filha. No entanto, a princípio não me conheceu; disse que eu era um peixeiro. Está muito mal. E na verdade em minha juventude sofri muito pelos extremos do amor; fiquei quase assim. Vou falar-lhe de novo. O que estais lendo?

HAMLET Palavras, palavras, palavras.

POLÔNIO Qual a intriga, senhor?

HAMLET Entre quem?

POLÔNIO Falo do que está lendo, senhor.

HAMLET Calúnias, senhor; pois o cínico calhorda diz aqui que os velhos têm barbas grisalhas, que suas faces são enrugadas, seus olhos purgam âmbar espesso e goma de ameixeira, e que têm completa falta de discernimento, a par de coxas fracas. Em tudo o que, senhor, acredito firmemente, mas não creio que seja decente dizê-lo assim, em um livro. Pois o senhor mesmo chegaria à minha idade se pudesse andar para trás, como um caranguejo.

POLÔNIO (*à parte*) Embora isso seja loucura, há nela certo método. Quereis deixar estes ares, senhor?

HAMLET Para o meu túmulo?

POLÔNIO Por certo lá estaríeis sem ar. — (*à parte*) Como suas respostas são penetrantes — uma felicidade que a loucura alcança às vezes, e que a razão e a sanidade não têm a sorte de encontrar. Vou deixá-lo, para armar logo os meios de o fazer encontrar-se com a minha filha. — Senhor, tomo a liberdade de retirar-me.

HAMLET Não poderia, senhor, tirar-me nada de que me separasse com mais gosto: exceto a minha vida, exceto a minha vida, exceto a minha vida.

POLÔNIO Passai bem, senhor.

HAMLET Esses velhos tolos e cacetes!

(*Entram Rosencrantz e Guildenstern.*)

POLÔNIO Estão procurando o senhor Hamlet. Está ali ele.

ROSENCRANTZ Salve, senhor.

(*Sai Polônio.*)

GUILDENSTERN Meu nobre senhor!

ROSENCRANTZ Meu prezado senhor!

HAMLET Meus excelentes amigos! Com vai, Guildenstern? Ah, Rosencrantz! Rapazes, como vão?

ROSENCRANTZ Como simples mortais, filhos da terra.

GUILDENSTERN Felizes, mas não mais do que felizes.
Não estamos no topo da Fortuna.

HAMLET Nem tampouco na sola de seus pés?

ROSENCRANTZ Também não, senhor.

HAMLET Vivem então em torno de sua cintura, em meio aos seus favores?

GUILDENSTERN Por nossa fé, na sua intimidade.

HAMLET Nas partes secretas da Fortuna? É verdade; ela é uma rameira. Quais as novidades?

ROSENCRANTZ Nenhuma, senhor, senão que o mundo se tornou honesto.

HAMLET Então é o fim do mundo. Mas suas novidades não são verdadeiras. Deixem-me interrogá-los mais de perto. O que, meus bons amigos, mereceram das mãos da Fortuna que ela os mandasse aqui para a prisão?

GUILDENSTERN Prisão, senhor?

HAMLET A Dinamarca é uma prisão.

ROSENCRANTZ Então o mundo também é.

HAMLET Uma grande prisão, onde há clausuras, celas e calabouços, sendo a Dinamarca uma das piores.

ROSENCRANTZ Não julgamos assim, senhor.

HAMLET Ora, não será assim então para vocês; pois não existe nada de bom ou de mau que não seja assim pelo nosso pensamento. Para mim, é uma prisão.

ROSENCRANTZ Ora, então é sua ambição que a faz assim; é estreita demais para o seu espírito.

HAMLET Oh, Deus, eu poderia viver preso numa casca de noz e me sentir um rei de espaços infinitos se não fossem os maus sonhos que tenho.

GUILDENSTERN Tais sonhos são decerto ambições, pois a própria essência do ambicioso não passa da sombra de um sonho.

HAMLET Um sonho é, ele mesmo, apenas sombra.

ROSENCRANTZ Sem dúvida; e eu julgo a ambição qualidade tão leve e irreal que não passa da sombra de uma sombra.

HAMLET Então nossos mendigos são os corpos, e nossos monarcas e grandes heróis, as sombras dos mendigos. Vamos à corte? Pois por minha fé, não sou capaz de raciocinar.

ROS., GUI. Estamos aqui para servi-lo.

Hamlet Nada disso. Não irei confundi-los com o resto de meus serviçais, pois para falar a verdade, sou terrivelmente servido. Mas, em nome da nossa velha amizade, o que fazem em Elsinore?

Ros., Gui. Viemos visitá-lo, senhor. Não há outra razão.

Hamlet Mendigo que sou, sou pobre até no agradecer, mas lhes agradeço: e por certo, caros amigos, mesmo um vintém é demais para pagar-me a gratidão. Não foram chamados? Foi sua a inclinação? É uma visita livre? Vamos, vamos, sejam leais comigo. Digam tudo.

Guildenstern O que poderemos dizer, senhor?

Hamlet Qualquer coisa, mas dentro do assunto. Foram chamados, e há uma espécie de confissão em seus olhos, que suas modéstias não têm malícia bastante para disfarçar. Sei que o bom rei e a rainha os mandaram chamar.

Rosencrantz Mas com que fim, senhor?

Hamlet Isso vocês têm de me dizer. Mas deixem que eu lhes implore, pelos direitos do companheirismo, a harmonia de nossa juventude, a obrigação do amor sempre presente, e por qualquer outra boa razão que eu lhes possa apresentar, sejam claros e diretos comigo, se foram ou não chamados.

Rosencrantz (*à parte, a Guildenstern*) O que me diz?

Hamlet Não, estou olhando vocês. Se me amam, não recusem.

Guildenstern Senhor, fomos chamados.

Hamlet E eu lhes direi por quê: assim, minha antecipação os impedirá de revelar, e não cairá uma só pluma do seu dever para com o rei. Ultimamente — não sei por quê — perdi toda a alegria, desprezei todo o hábito dos exercícios e, realmente, tudo pesa tanto na minha disposição que este grande cenário, a terra, me parece agora um promontório estéril; este magnífico dossel, o ar, vejam, esse belo e flutuante firmamento, este teto majestoso, ornado de ouro e flama, não me parece mais que uma repulsiva e pestilenta congregação de vapores. Que obra de arte é o homem, como é nobre na razão, como é infinito em faculdades e, na forma e no movimento, como é expressivo e admirável, na ação é como um anjo, em inteligência, como um deus: a beleza do mundo, o paradigma dos animais. E, no entanto, para mim, o que é essa quintessência do pó? O homem não me deleita, não, nem a mulher, embora o seu sorriso pareça dizê-lo.

ROSENCRANTZ Senhor, não houve tal intenção em meus pensamentos.

HAMLET Por que se riram, então, quando disse que o homem não me deleita?

ROSENCRANTZ Por imaginar, senhor, que se não se deleita com os homens, que triste acolhida os atores de si terão. Nós os encontramos no caminho, e estão vindo oferecer-lhe os seus serviços.

HAMLET O que representar o rei será bem-vindo; sua Majestade terá o seu tributo; o cavaleiro andante terá sua lança e seu escudo; o amante não há de suspirar em vão, o cômico terminará em paz o seu papel; o palhaço fará rir quem tiver pulmões sensíveis, e a dama dirá livremente o que pensa — pois senão o verso vai sair de pé quebrado. Que atores são eles?

ROSENCRANTZ Os mesmos que o senhor costumava ouvir com tanto gosto, os trágicos da cidade.

HAMLET Por que estão viajando? Ficar em casa seria mais útil para sua reputação e seu proveito.

ROSENCRANTZ Creio que suas dificuldades vêm da recente inovação.

HAMLET Gozam eles ainda da mesma fama de que gozavam quando eu estava na cidade? Têm tanto público?

ROSENCRANTZ Não, na verdade não têm mais.

HAMLET Por quê? Estão enferrujando?

ROSENCRANTZ Não; seus esforços mantêm-nos na antiga forma; mas há, senhor, um grupo de pirralhos, filhotes de falcão, que gritam mais que os outros, e são delirantemente aplaudidos por isso. Eles estão em moda, e de tal modo atacam os teatros populares — como os chamam — que muitos espadachins têm medo dessas penas de ganso, e quase não vão lá.

HAMLET Mas são crianças? Quem os mantém? Como se sustentam? Acaso só seguem a profissão enquanto podem cantar? Não dirão mais tarde, se se tornarem atores populares — o que é provável, se não encontrarem melhor meio de vida —, que os autores os prejudicaram, fazendo-os clamar contra sua própria profissão?

ROSENCRANTZ A verdade é que tem havido muito barulho de ambas as partes, e o povo não julga pecado atiçá-los à luta. Durante algum tempo, não houve interesse financeiro por nenhuma peça a não ser que o poeta e o ator não brigassem aos murros pela questão.

HAMLET Será possível?

GUILDENSTERN Oh, tem havido muito desperdício de cérebro.

HAMLET E os meninos ganharam?

ROSENCRANTZ Ganharam tudo, senhor. Até a carga de Hércules.

HAMLET Isso não é de estranhar; pois meu tio é rei da Dinamarca, e aqueles que faziam pouco dele enquanto meu pai era vivo dão hoje vinte, trinta, quarenta ou cem ducados por seu retrato em miniatura. Pelas chagas de Cristo, há nisso qualquer coisa além do natural, se a filosofia o pudesse decifrar.

(*um toque de clarins*)

GUILDENSTERN Aí estão os atores.

HAMLET Cavalheiros, sejam bem-vindos a Elsinore. Deem-me aqui suas mãos: o complemento das boas-vindas são a cerimônia e a forma. Deixem-me cumpri-las, assim, para com ambos, a fim de que minha saudação aos atores — que, aviso, terá de mostrar-se mais expansiva — não pareça mais acolhedora do que a sua. São bem-vindos; mas meu tio-pai e minha tia-mãe estão logrados.

GUILDENSTERN Em quê, meu caro senhor?

HAMLET Eu estou louco apenas para o noroeste; quando sopra o sul, sei distinguir um falcão de uma coruja.

(*Entra Polônio.*)

POLÔNIO Cavalheiros, a paz esteja convosco.

HAMLET Atenção, Guildenstern; você, também — a cada ouvido um ouvinte. Esse grande bebê que veem aí ainda não saiu dos cueiros!

ROSENCRANTZ Talvez os use pela segunda vez, pois dizem que um velho é duas vezes uma criança.

HAMLET Profetizo que ele vem me falar dos atores. Reparem. — É como disse, senhor, era segunda de manhã, era sem dúvida.

POLÔNIO Senhor, tenho novidades a vos contar.

HAMLET Senhor, eu tenho novidades a lhe contar. Quando Roscius era ator em Roma...

POLÔNIO Os atores estão vindo aí, senhor.

HAMLET Blá-blá-blá.

POLÔNIO Palavra de honra...

HAMLET E cada ator chegou em seu jumento...

POLÔNIO Os melhores atores do mundo, tanto para tragédia quanto para comédia, história, pastoral, pastoral-cômica, histórico-pastoral, trágico-histórica, trágico-cômica-histórico-pastoral, cena indivisível ou poema ilimitado. Sêneca não pode ser pesado demais nem

Plauto por demais leve. Para peças clássicas ou obras livres, eles são os únicos.

HAMLET Oh, Jefté, juiz de Israel, que tesouro possuíste!

POLÔNIO Que tesouro tinha ele, senhor?

HAMLET Ora,
Uma filha, única e linda,
Que ele amava por demais.

POLÔNIO (*à parte*) Ainda sobre a minha filha.

HAMLET Não é verdade, velho Jefté?

POLÔNIO Se me chamais Jefté, senhor, eu tenho uma filha que amo muito.

HAMLET Não, isso não se segue.

POLÔNIO O que se segue então, senhor?

HAMLET Ora,
Deus que lhe deu, fado seu,
e depois, sabe
Aconteceu, e assim pareceu.
A primeira estrofe da piedosa canção há de mostrar-lhe mais, pois aí vêm os que me interrompem.
(*Entram quatro ou cinco Atores.*)
Sejam bem-vindos, mestres, bem-vindos todos. Alegra-me vê-los bem. — Bem-vindos, bons amigos. — Oh, velho amigo, ora essa, seu rosto criou franjas desde que o vi pela última vez. Veio pôr-me barbas na Dinamarca? — Ora, minha jovem namorada! Pela Virgem, a senhorita chegou mais perto do céu desde que a vi pela última vez pela altura de um coturno. Reze a Deus que sua voz não esteja quebrada, como moeda de ouro fora de uso. — Mestres, são todos bem-vindos. Vamos logo ao que interessa como os falcoeiros franceses, que voam contra tudo o que veem. Vamos, deem-nos um gostinho de sua qualidade. Vamos, uma fala apaixonada.

1º ATOR Que fala, meu bom senhor?

HAMLET Ouvi-o dizer certa vez uma fala, mas nunca foi representada, ou se foi, não mais de uma vez — pois: a peça, eu me lembro, não agradava às multidões, era caviar para o povo. Mas era, tal como a compreendi — e para outros, cujo julgamento nesses assuntos era mais alto do que o meu — uma excelente peça, bem-equilibrada nas cenas, escrita tanto com singeleza quanto com mestria. Lembro-me de que alguém disse que não havia tempero nos versos para dar sabor ao assunto, nem assunto nas frases que pudesse indiciar o autor por afetação, mas chamou-as de um método honesto, tão salutar quanto doce, e muito mais belo do que burilado. Uma fala agradou-me especialmente — era a narrativa de Eneias para Dido e, nela, em particular, a descrição do assassinato de Príamo. Se ela ainda lhe vive na memória, comece na linha... vejamos...

O hirsuto Pirrus, como fera hircânea...

Não é assim; começa com Pirrus —

O hirsuto Pirrus, cujas negras armas,
Negras como o seu fito e como a noite,
Quando ele andava oculto em seu cavalo,
Ostenta agora horrível face negra
De heráldica mais triste; de alto a baixo
'Stá ele todo em goles recoberto;
Sangue de pais e mães, filhos e filhas,
Grosso e pastoso sobre o chão das ruas
Empresta luz tirânica e danada
Ao matador; queimando de ódio e fogo,
Untado com suor de sangue e lama,
Olhos em brasa, o pavoroso Pirrus
Procura o velho Príamo, o ancestral.

Agora, continue.

POLÔNIO Por Deus, senhor, falou bem, com boa dicção e muito critério.

1º ATOR *Logo o encontra, atacando inutilmente*
Os gregos; sua espada de outros tempos,
Rebelde à sua mão, jaz onde tomba,
Recusando o comando. Cheio de ira,
Cai Pirrus sobre Príamo; erra o golpe,
Mas co'ar que desloca a forte espada
Cai o velho, sem forças. A insensata
Troia, como que sob o golpe, cai
Flamejante por terra; e o horrível som
Parece fazer Pirrus prisioneiro,
Pois a espada que desce sobre a neve
Da cabeça do velho venerando
Paira no ar, e Pirrus fica inerte,
Parecendo a imagem de um tirano,
Parado entre o desígnio e a realidade,
E nada faz.
Como às vezes ao vir da tempestade
Há silêncio nos céus, as nuvens param,
O vento cala e a terra fica imóvel,
Mas logo estala o hórrido trovão.
Assim, depois da pausa, ergue-se Pirrus;
A febre da vingança dá-lhe forças,
E jamais os ciclópicos martelos
Caíram sobre Marte — armas eternas —,
Mais sem remorso do que a espada em sangue
De Pirrus cai agora sobre Príamo.
Vai-te, Fortuna adversa, prostituta!
E vós, oh, deuses, em conclave uníssono,
Privai-a do poder: tomai-lhe roda,
Quebrai-lhe os raios, destruí-lhe os dentes.
Fazei rolar o globo do alto Olimpo
Até o negro inferno.

POLÔNIO É muito longo.

HAMLET Ela irá ao barbeiro com suas barbas. Por favor, continue. Ele é pelas jigas ou histórias obscenas, senão dorme. Continue, vamos a Hécuba.

1º ATOR Mas — ai! — quem visse a rainha ultrajada...

HAMLET "A rainha ultrajada"?

POLÔNIO Essa é boa.

1º ATOR *Correr de um lado ao outro, os pés descalços,*
Vencendo as chamas, cega pelas lágrimas,
Um trapo rodeando aquela fronte
Que ostentara a coroa, e por vestido,
Sobre os quadris, outrora tão fecundos,
Um pano que, ao fugir cheia de medo,
Apanhou. Quem assim agora a visse,
De língua saturada de veneno,
A julgaria como criminosa
De traição contra o reino da Fortuna.
Porém, se os próprios deuses a avistassem,
Quando ela presenciou o horrendo Pirrus
Em malicioso jogo de crueldade
Picar à espada os membros do marido,
E o grito lancinante que soltou —
A não ser que de todo não se alterem
Com as coisas mortais —, teriam feito
Jorrar pranto dos céus e dor dos peitos.

POLÔNIO Vede se não empalidece e se não há lágrimas em seus olhos. Por favor, basta.

HAMLET Muito bem, declamará o resto dentro em pouco. Meu bom senhor, poderia encarregar-se de acomodar os atores? Lembre-se de que devem ser muito bem-tratados, pois são o resumo e a crônica de nosso tempo; seria melhor ter um mau epitáfio depois de sua morte do que a sua maledicência enquanto está vivo.

POLÔNIO Senhor, hei de tratá-los de acordo com seu merecimento.

HAMLET Pelo amor de Deus, homem, muito melhor! Trate cada homem segundo o seu merecimento, e quem escapará à chibata? Trate-o segundo sua própria honra e dignidade; quanto menos eles o merecerem, tanto maior será a sua generosidade. Leve-os.

POLÔNIO Venham, senhores.

HAMLET Sigam-no, amigos; amanhã teremos uma peça.
(*Sai Polônio, com todos os atores, menos o 1º Ator.*)
Escute, velho amigo; pode levar *O assassinato de Gonzaga*?

1º ATOR Sim, senhor.

HAMLET É o que teremos amanhã. Poderia, se necessário, decorar uma fala de doze ou dezesseis linhas, se eu as escrevesse e as intercalasse nela, não?

1º ATOR Poderia, senhor.

HAMLET Muito bem. Siga aquele senhor; e trate de não caçoar dele.
(*Sai o 1º Ator.*)
(*para Rosencrantz e Guildenstern*)
Meus amigos, deixo-os até a noite; sejam bem-vindos a Elsinore.

ROSENCRANTZ Meu bom senhor.
(*Saem Rosencrantz e Guildenstern.*)

HAMLET Vão com Deus. Agora estou sozinho.
Que camponês canalha e baixo eu sou!
Não é monstruoso que esse ator consiga
Em fantasia, em sonho de paixão,
Forçar sua alma a assim obedecer-lhe
A ponto de seu rosto ficar pálido,
Ter lágrimas nos olhos, o ar desfeito,
A voz cortada, e todo o desempenho
E as expressões do acordo com o papel?

E tudo isso por nada! Só por Hécuba!
Que lhe interessa Hécuba, ou ele a ela,
Para que chore assim? E que faria
Se tivesse os motivos de paixão
Que eu tenho? Inundaria com seu pranto
O palco e rasgaria com palavras
Horríveis os ouvidos da assistência;
Poria louco o réu, medroso o livre,
Conturbado o ignorante, e estuporados
Os sentidos da vista e dos ouvidos...
Mas eu, canalha inerte, alma de lodo,
Arrasto-me, alquebrado, um João
de Sonho,
Nada digo, porquanto não me enfronho
Em minha causa; causa que é de um rei
A cujo patrimônio e à própria vida
Foi imposta uma trágica derrota.
Sou acaso um covarde? Quem me chama
De vilão? Quem me parte o crânio e arranca
As barbas, pra em rosto m'as lançar?
Quem me torce o nariz? Quem me desmente
E jura que há de pôr-me pela goela,
Atingindo os pulmões, o que é mentira?
Quem me faz isso? Ai, bem o mereço:
Não o devia ser, mas sou um fraco;
Falta-me o fel que amarga as opressões,
Senão eu já teria alimentado
Os milhafres do céu co'os restos podres
Desse vilão lascivo e ensanguentado!
Vilão cruel, traidor e incestuoso!
Oh, vingança!
Ah, que jumento eu sou! Isso é decente,
Que eu, filho de um pai assassinado,
Chamado a agir por anjos e demônios,

Qual meretriz sacie com palavras
Meu coração, co'as pragas das rameiras
E das escravas!
Arre, que asco! Mas ergue-te, meu cérebro:
Ouvi dizer que quando os malfeitores
Assistem a uma peça que os imita,
Sentem na alma a perfeição da cena
E confessam de súbito os seus erros.
Pois o crime de morte, sem ter língua,
Falará com o milagre de outra voz.
Esses atores, diante de meu tio,
Repetirão a morte de meu pai;
Vou vigiar-lhe o olhar, sondá-lo ao vivo;
Se trastejar, eu sei o que farei.
O fantasma talvez seja um demônio,
Pois o demônio assume aspectos vários
E sabe seduzir; ele aproveita
Esta melancolia e esta fraqueza,
Já que domina espíritos assim,
Para levar-me à danação. Preciso
Encontrar provas menos duvidosas.
É com a peça que penetrarei
No segredo mais íntimo do rei.
(*Sai.*)

Ato III
Cena I

Elsinore. Uma sala do castelo.
(Entram o Rei, a Rainha, Polônio, Ofélia, Rosencrantz e Guildenstern.)

REI E não puderam, com fala habilidosa,
Obter-lhe a confissão desse desvario,
Que assim perturba a calma dos sentidos
Com turbulenta e perigosa insânia?
ROSENCRANTZ Ele confessa que a razão lhe foge,
Mas de nenhuma forma diz por quê.
GUILDENSTERN Nem se mostra disposto a ser sondado;
Com uma hábil loucura, vai distante
Se queremos trazê-lo à confissão
Do que ele sente.
RAINHA Recebeu-os bem?
ROSENCRANTZ Como convém a um nobre.
GUILDENSTERN Mas forçando
Sua disposição.
ROSENCRANTZ Falando pouco,
Mas pronto a responder-nos as perguntas.
RAINHA Procurastes levá-lo a um passatempo?
ROSENCRANTZ Aconteceu, senhora, que, em caminho,
Encontramos, na vinda, alguns atores.
Falamos deles e, ao ouvi-lo, o príncipe
Mostrou-se interessado e jubiloso.
Estão na corte e penso que esta noite
Devem representar para ele.
POLÔNIO É fato;
E ele pede que vossas majestades
Venham ouvir e ver esse espetáculo.

REI De coração; e isso me alegra muito,
Saber que ele se encontra interessado.
Amigos, ajudai esse interesse,
E induzi-o a esse tipo de prazer.

ROSENCRANTZ Assim procederemos.

(*Saem Rosencrantz e Guildenstern.*)

REI Retirai-vos,
Doce Gertrudes, também vós. Deixai-nos.
Mandamos em segredo chamar Hamlet,
Para que, como se fosse por acaso,
Encontre Ofélia.
Seu pai e eu — como espiões honrados —
Vamos nos esconder onde os vejamos
Sem sermos vistos, para que possamos
Julgar do seu encontro francamente,
E assim saber, conforme ele se porte,
Se é ou não por amor que ele se aflige
E sofre desse modo.

RAINHA Eu obedeço;
E do teu lado, Ofélia, o que desejo
É que a tua beleza seja a causa
Da loucura de Hamlet; pois espero
Sejam tuas virtudes sua cura
Para honra de ambos.

OFÉLIA Seja assim, senhora.

POLÔNIO Ofélia, vem aqui; nós dois, a postos,
Se vos apraz, senhor. (*para Ofélia*) Lê este livro;
Esta é a ocupação que justifica
O teu isolamento. Muitas vezes
Temos culpa e, com ares de devotos
E atos piedosos, 'stamos pondo açúcar
Sobre o próprio demônio.

REI Isso é verdade.
(*à parte*) Como me ferem a alma essas palavras!
A face da rameira, embelezada,
Não se torna tão feia às suas tintas
Quanto os meus atos diante das palavras
Que uso pra mentir e disfarçá-los.
Oh, dura carga!

POLÔNIO Ei-lo que vem; fujamos!

(*Ocultam-se.*)

(*Entra Hamlet.*)

HAMLET Ser ou não ser, essa é a questão:
Será mais nobre suportar na mente
As flechadas da trágica fortuna
Ou tomar armas contra um mar de escolhos
E, enfrentando-os, vencer? Morrer — dormir,
Nada mais; e dizer que pelo sono
Findam-se as dores, como os mil abalos
Inerentes à carne — é a conclusão
Que devemos buscar. Morrer — dormir;
Dormir, talvez sonhar — eis o problema:
Pois os sonhos que vierem nesse sono
De morte, uma vez livres deste invólucro
Mortal, fazem cismar. Esse é o motivo
Que prolonga a desdita desta vida.
Quem suportara os golpes do destino,
Os erros do opressor, o escárnio alheio,
A ingratidão no amor, a lei tardia,
O orgulho dos que mandam, o desprezo
Que a paciência atura dos indignos,
Quando podia procurar repouso
Na ponta de um punhal? Quem carregara
Suando o fardo da pesada vida

Se o medo do que vem depois da morte —
O país ignorado de onde nunca
Ninguém voltou — não nos turbasse a mente
E nos fizesse arcar co'o mal que temos
Em vez de voar para esse, que ignoramos?
Assim nossa consciência se acovarda,
E o instinto que inspira as decisões
Desmaia no indeciso pensamento,
E as empresas supremas e oportunas
Desviam-se do fio da corrente
E não são mais ação. Silêncio agora!
A bela Ofélia! Ninfa, em tuas preces
Recorda os meus pecados.

OFÉLIA Meu senhor!
Como está, que não o vejo há tantos dias?

HAMLET Humilde eu lhe agradeço; bem, bem, bem.

OFÉLIA Senhor, tenho comigo umas lembranças
Vossas, que há muito quero devolver-vos.
Por favor, recebei-as.

HAMLET Não; não eu;
Nunca te dei presentes.

OFÉLIA Meu honrado senhor, sabeis que os destes;
E, com eles, palavras tão suaves
Que os tornavam mais ricos. Mas agora,
Ido o doce perfume, recebei-os;
Pois para um nobre espírito os presentes
Tornam-se pobres quando quem os dera
Se torna cruel. Tomai-os, meu senhor.

HAMLET És honesta?

OFÉLIA Senhor?

HAMLET És também bela?

OFÉLIA Que quereis dizer, senhor?

HAMLET Que se fores honesta e bela, a tua honestidade não deveria admitir diálogo com a tua beleza.

OFÉLIA Poderia a beleza, senhor, ter melhor convívio do que com a virtude?

HAMLET Certamente, pois é mais fácil ao poder da beleza transformar a virtude em libertinagem do que à força da honestidade moldar a beleza à sua feição. Isto foi outrora um paradoxo, mas agora os tempos o provam. Eu já te amei um dia.

OFÉLIA É verdade, senhor; fizestes com que eu acreditasse que sim.

HAMLET Não devias ter acreditado em mim; pois a virtude não poderia ter inoculado tanto o nosso velho tronco que não restasse o gosto dele. Eu nunca te amei.

OFÉLIA Maior a minha decepção.

HAMLET Entra para um convento. Por que desejarias conceber pecadores? Eu próprio sou passavelmente honesto; mas poderia ainda assim acusar-me a mim mesmo de tais coisas, que seria melhor que minha mãe não me tivesse concebido. Sou muito orgulhoso, vingativo, ambicioso, com mais erros ao meu alcance do que pensamentos para expressá-los, imaginação para dar-lhes forma, ou tempo para cometê-los. O que podem fazer sujeitos como eu a arrastar-se entre o céu e a terra? Somos todos uns rematados velhacos; não acredites em nenhum de nós. Entra para um convento. Onde está teu pai?

OFÉLIA Em casa, meu senhor.

HAMLET Fecha sobre ele as portas, para que não faça papel de bobo senão em sua própria casa. Adeus.

OFÉLIA (*à parte*) Oh, ajudai-o, céus misericordiosos!

HAMLET Se casares, dar-te-ei esta praga como dote: sejas casta como o gelo, pura como a neve, não escaparás à calúnia. Entra para um convento, adeus. Ou se tiveres mesmo que casar, casa-te com um tolo; pois os homens de juízo sabem muito bem que monstros vós fazeis deles. Para um convento, vai — e depressa; adeus.

OFÉLIA (*à parte*) Oh, poderes celestiais, curai-o!

HAMLET Tenho ouvido também falar muito de como vos pintai. Deus vos deu uma face e vós vos fabricais outra; dançais, meneais, ciciais, arremedando as criaturas de Deus, e mostrais vosso impudor como se fosse inocência. Vamos, basta; foi isso que me fez louco. Digo-te: não haverá mais casamentos. Daqueles que já estão casados, todos, menos um, viverão; os restantes ficarão como estão. Para um convento, vai.

(*Sai.*)

OFÉLIA Como está transtornado o nobre espírito!
O olhar do nobre, do soldado a espada,
Do letrado a palavra, a esperança,
A flor deste país, o belo exemplo
Da elegância, o modelo da etiqueta,
Alvo de tanto olhar — assim desfeito!
E eu, a mais infeliz entre as donzelas,
Que o mel provei dos seus sonoros votos,
Ver agora a razão mais alta e nobre,
Como um sino de notas dissonantes,
Badalar sem os sons harmoniosos.
Cortada pela insânia a forma e o viço
Da juventude. E eu, pobre miserável,
Tendo visto o que vi, ver o que vejo.

(*Entram o Rei e Polônio.*)

REI Amor? Não tende a isso o seu espírito,
Nem o que disse, embora um pouco estranho,
Parecia loucura. Há qualquer coisa
Na qual se escuda essa melancolia;
E eu prevejo que, abertas as comportas,

Venha o perigo; temos que evitá-lo,
E eu tomo agora a determinação
De mandá-lo à Inglaterra sem demora,
Em busca do tributo que nos devem.
A viagem por mar, as novas terras,
Com várias sensações, expelirão
Esse ponto cravado no seu peito;
Seu cérebro, remoendo o mesmo tema,
Põe-no fora de si. Que pensais disso?

POLÔNIO Há de fazer-lhe bem, conquanto eu creia
Que a fonte e o começo de seus males
Vêm do amor rejeitado. Então, Ofélia?
Não precisas contar-nos o que disse.
Ouvimos tudo. Fazei como vos apraza,
Senhor; deixai, porém, se concordardes,
Que depois do espetáculo a rainha
Tente arrancar-lhe, a sós, esse segredo
De sua dor. Deixai que ela o interrogue
A sós, e eu ficarei, se vos agrada,
Para ouvir a conversa, sem ser visto.
Se ela não conseguir o seu intento,
Enviai-o à Inglaterra ou internai-o
Onde achardes melhor.

REI Assim farei.
Quando um grande da corte fica louco,
Para o vigiar todo cuidado é pouco.

(*Saem.*)

Cena II

Uma sala do castelo.
(*Entram Hamlet e dois ou três Atores.*)

HAMLET Repeti o trecho, por favor, como eu o pronunciei, com naturalidade; mas se o dizeis afetadamente, como muitos atores Fazem, admito até que o pregoeiro público vá bradar pelas ruas as minhas linhas. Não gesticuleis, tampouco, assim, serrando o ar com as mãos; usai de moderação, pois na própria torrente, tempestade ou, direi mesmo, torvelinho da paixão, deveis adquirir e empregar um controle que lhe dê Alguma medida. Oh, ofende-me até a alma ouvir rasgar uma paixão em farrapos, em verdadeiros molambos, e ferir os ouvidos da plateia que, na maior parte, não é capaz denão de apreciar pantomimas e barulho. Eu mandaria chicotear tal camarada, por exagerar o papel de Termagante. Isso é super-herodiar Herodes. Por favor, evitai isso.

1º ATOR Eu o garanto à sua alteza.

HAMLET Não sejais fracos, tampouco, mas deixai que o vosso critério seja o vosso mestre. Ajustai o gesto à palavra, a palavra à ação; com esta observância especial, que não sobrepujeis a moderação natural. Pois qualquer coisa exagerada foge ao propósito da representação, cujo fim, tanto no princípio quanto agora, era e é oferecer como se fosse um espelho à natureza, mostrar à virtude seus próprios traços, ao ridículo sua própria imagem e à própria idade e ao corpo dos tempos sua forma e aparência. Ora, o exagero, como a deficiência, conquanto façam rir os incompetentes, não podem causar senão desgosto ao criterioso, e a censura deste deve constituir na vossa estima mais do que um teatro lotado pelos outros. Oh, há atores que eu vi representar — e aos quais ouvi muita gente louvar, e muito — para não falar profanamente, que não tinham nem pronúncia de cristão, nem andar de cristão pagão ou homem; pavoneavam-se e urravam tanto que julguei terem sido feitos por pobres operários da natureza, e os fizeram malfeitos, tão abominavelmente imitavam eles a humanidade.

1º Ator — Espero que tenhamos corrigido isso razoavelmente entre nós.

Hamlet — Oh, corrijam-no completamente. E que aqueles que fazem os papéis de bobos não digam mais do que foi escrito para eles; pois há entre eles os que querem rir a fim de fazer rir também certo tipo de néscios espectadores, conquanto nesse ínterim algum ponto importante da peça devesse ser valorizado. Isso é vil, e demonstra uma patética ambição no tolo que o pratica. Ide, aprontai-vos.

(*Saem os Atores.*)

(*Entram Polônio, Rosencrantz e Guildenstern.*)

Então, senhor, o rei virá assistir a essa obra-prima?

Polônio — E a rainha também, e logo, logo.

Hamlet — Diga aos atores que se apressem.

(*Sai Polônio.*)

Poderão ajudá-los a apressar-se?

Ros., Gui. — Pois não, senhor.

(*Saem Rosencrantz e Guildenstern.*)

Hamlet — Olá! Horácio!

(*Entra Horácio.*)

Horácio — Aqui estou, meu senhor, para servi-lo.

HAMLET Tu és o homem mais justo e equilibrado
Com quem jamais privei.

HORÁCIO Meu caro príncipe...

HAMLET Não penses que eu te quero bajular;
Que pedirei a ti, que não desfrutas
De rendas, a não ser teu bom espírito,
Para roupa e alimento? Quem bajula
O pobre espera o quê? Deixa que a língua
Açucarada lamba a absurda pompa
E se curve de joelhos diante dela,
Com esperança de lucro. Estás ouvindo?
Des' que esta alma foi capaz de escolha,
E pode distinguir os homens, ela
Marcou-te para si; pois sempre foste
Diante das dores, como quem não sofre,
Um homem que recebe como idênticos
Golpes ou recompensas da fortuna,
E igualmente agradece; abençoados
Aqueles cujo sangue e julgamento
Tão bem comungam, pois não são brinquedos
Nos dedos da fortuna, tão volúveis,
Dançando ao seu prazer. Dá-me esse homem
Que não se torna escravo da paixão,
E eu o trarei no fundo do meu peito,
No coração do próprio coração,
Como eu te tenho. E chega por agora.
Há hoje um espetáculo a que o rei
Vem assistir. Uma das cenas mostra
As mesmas circunstâncias que cercaram
A morte de meu pai, que te contei.
Peço-te, quando vires essa cena,
Que uses da mais aguda observação
Sobre o meu tio. Se o seu crime oculto
Não se denunciar em certo ponto,

Então é um mau fantasma que nós vimos,
E as suspeitas que tenho, malforjadas
Nas forjas de Vulcano. Atenta nele.
Pois os meus olhos estarão bem fixos
No rosto dele; e depois compararemos
Nosso juízo de suas expressões.

HORÁCIO Muito bem; se ele acaso escamoteia
E consegue furtar-se, frente à peça,
À nossa observação, eu pago o roubo.

HAMLET Já chegam para a festa. Eu tenho agora
De ficar distraído. Vai sentar-te.

(Entram o Rei, a Rainha, Polônio, Ofélia, Rosencrantz, Guildenstern e outros nobres, além da guarda do rei, com tochas.)

REI Como passa nosso sobrinho Hamlet?

HAMLET De modo excelente, com a dieta do camaleão. Como ar, recheado de promessas. Não se pode cevar capões assim.

REI Não tenho nada com essa resposta, Hamlet. Essas palavras não são minhas.

HAMLET E nem minhas, agora. *(para Polônio)* Senhor, disse que certa vez representou na universidade?

POLÔNIO Representei, senhor, e era tido como bom ator.

HAMLET O que representou?

POLÔNIO Representei *Júlio César.* Fui morto no Capitólio. Brutus me matou.

HAMLET Foi bruto da parte dele matar bezerro tão importante. Estão prontos os atores?

ROSENCRANTZ Estão, senhor; esperam sua permissão.

RAINHA Vem cá, querido Hamlet; senta-te junto a mim.

HAMLET Não, boa mãe; está aqui metal mais magnético.

POLÔNIO *(à parte, para o Rei)* A-há! Ouvistes isso?

HAMLET (*Deitando-se aos pés de Ofélia.*) Permite a jovem que eu me recline em seu regaço?

OFÉLIA Não, meu senhor.

HAMLET Quero dizer, a cabeça em seu regaço.

OFÉLIA Sim, meu senhor.

HAMLET Pensavas que eu falava em bandalheiras?

OFÉLIA Não penso nada, senhor.

HAMLET É um belo pensamento, o de deitar-se entre as pernas de uma donzela.

OFÉLIA O quê, meu senhor?

HAMLET Nada.

OFÉLIA Estais alegre, meu senhor.

HAMLET Quem, eu?

OFÉLIA Sim, meu senhor.

HAMLET Oh, Deus, só o seu bobo. Que pode fazer um homem senão ficar alegre? Pois veja como minha mãe está contente, e meu pai morreu há apenas duas horas.

OFÉLIA Não, são dois meses, meu senhor.

HAMLET Tudo isso? Pois então que o Diabo vista o preto, que eu usarei zibelinas. Oh, céus, morto há dois meses, e ainda não esquecido? Então há esperanças de que a memória de um grande homem possa sobreviver-lhe por meio ano; mas, por Nossa Senhora, é preciso que ele tenha construído igrejas, pois de outro modo terá de aturar não ser lembrado, como o cavalinho de pau cujo epitáfio é "Pois Ora, ora, o cavalinho de pau foi esquecido".

(*Soa uma trombeta. Segue-se um espetáculo mudo.*)

(*Entram um rei e uma rainha, a rainha a abraçá-lo, e ele a ela. Ela se ajoelha e faz gestos de dedicação a ele. Ele a faz levantar-se e inclina a cabeça sobre o pescoço dela. Ele se deita em um banco de flores. Ela, vendo-o dormir, deixa-o. No mesmo instante entra outro homem, tira-lhe a coroa, beija-a, derrama veneno no ouvido do que dorme e o deixa. A rainha volta, encontra o rei morto e faz gestos apaixonados. O envenenador, com mais três ou quatro, entra de novo. Eles parecem apresentar condolências a ela. O corpo é levado embora. O envenenador corteja a rainha com presentes. Ela parece ríspida por algum tempo, porém no fim aceita o seu amor.)*

(*Saem.*)

OFÉLIA O que quer dizer isso, meu senhor?

HAMLET Ora, safadeza disfarçada. Quer dizer maldade.

OFÉLIA Parece que o mostrado conta o argumento da peça.

(*Entra o Prólogo.*)

HAMLET Saberemos por esse camarada. Atores não sabem guardar segredo. Contam tudo.

OFÉLIA E nos dirá o que quis dizer aquela cena?

HAMLET Certo; ou qualquer cena que lhe mostrar. O que não tiveres vergonha de mostrar, ele não terá vergonha de explicar.

OFÉLIA Sois maldoso, sois maldoso. Vou ver a peça.

PRÓLOGO *Para nós, digna audiência,*
Pedimos vossa clemência
E vossa atenta paciência.

(*Sai.*)

HAMLET Isso é prólogo ou inscrição em anel?

OFÉLIA É breve, senhor.

HAMLET O amor de uma mulher.

(*Entram os atores rei e rainha.*)

ATOR REI *Trinta voltas o carro do áureo Apolo*
Deu em torno a Netuno e sobre o solo
De Telus; trinta dúzias de luares
Com sua falsa luz viram os mares,

Depois que o amor nos une num abraço,
E Himeneu fez eterno o nosso laço.

ATOR RAINHA *Outras tantas jornadas Sol e Lua*
Façam sem que este amor se nos destrua!
Mas, ai de mim, 'stás tão mudado agora,
Tão longe da alegria e humor de outrora,
Que eu te estranho. E conquanto isso me doa,
Não te quero afligir, magoar-te à toa,
Pois o amor da mulher iguala o medo:
Ou não os tem ou sofre tarde ou cedo.
Agora que este amor provou que existe
Meu medo é igual, e isso me torna triste.
Se o amor é grande, a dúvida é temor;
E onde o medo cresceu, cresceu o amor.

ATOR REI *Meu amor, vou deixar-te sem demora;*
Minhas forças vitais se vão embora
E tu deves viver num mundo lindo,
Cercada de honra e amor; e alguém, sorrindo,
Te virá desposar.

ATOR RAINHA *Não sigas, não!*
Um novo amor seria uma traição,
Um outro casamento, um ato odioso;
Só se casa outra vez quem mata o esposo.

HAMLET (*à parte*) Olha o veneno.

ATOR RAINHA *As razões de aceitar segundas bodas*
Não são de amor: são de interesse, todas.
Mato de novo o esposo falecido
Enquanto no leito beijo outro marido.

ATOR REI *És sincera, eu o creio, nessas frases;*
Mas nossas decisões são bem falazes.
Intenções são escravas da memória,
São fortes, mas têm vida transitória,
Qual fruto verde que se ostenta, duro,
E há de cair quando ficar maduro.

É fatal que esqueçamos de nos dar
O que a nós mesmos temos de pagar:
Aquilo que juramos na paixão,
Finda a mesma, perdeu a ocasião.
A violência das dores e alegrias
Destrói as suas próprias energias.
Onde há prazer, a dor põe seu lamento,
Se a mágoa ri, chora o contentamento.
O mundo não é firme, e é bem frequente
O próprio amor mudar constantemente.
E ainda está para ficar provado
Se o fado guia o amor, ou este, o fado.
Se o grande cai, não possui mais amigos,
Sobe o pobre, e não tem mais inimigos.
E tanto o amor à morte se escraviza
Que amigos tem quem deles não precisa.
Quem na dor prova o amigo que é constante,
Prepara um inimigo nesse instante.
Mas para terminar como o começo,
Cada fato é à ideia tão avesso,
Que os planos ficam sempre insatisfeitos.
Julgas casar de novo indecoroso,
Mas casarás quando morrer o esposo.

ATOR RAINHA *Neguem-me pão a terra e luz os astros,*
Dia e noite, sem trégua, ande eu de rastros,
Mude a esperança em desesperação,
Seja meu alvo a cela da prisão,
Tudo o que fere e desfigura a face
Se oponha ao meu desejo e o despedace,
Persiga-me a má sorte eternamente,
Se uma vez viúva eu me case novamente!

HAMLET Se agora ela quebrasse o juramento...

ATOR REI *Forte jura. Mas deixa-me um momento.*
Tenho o espírito tonto e gostaria

	De repousar no sono este árduo dia.
	(*Dorme.*)
ATOR RAINHA	*Teu cérebro cansado embala, pois,* *E nunca haja infortúnio entre nós dois.* (*Sai.*)
HAMLET	Senhora, que vos parece a peça?
RAINHA	A dama faz protestos demasiados.
HAMLET	Mas ela manterá sua palavra.
REI	Leste o argumento? Não contém ofensas?
HAMLET	Não; é tudo brincadeira — veneno de brincadeira. Nenhuma ofensa neste mundo.
REI	Como se chama a peça?
HAMLET	"A Ratoeira" — Pela Virgem, que metáfora! A peça é o relato de um assassinato em Viena. Gonzaga é o nome do duque; sua mulher, Baptista — já o vereis. É uma obra canalha; mas o que tem isso? A vossa majestade e a nós, que temos almas livres, isso não atinge. Que se acovarde o pangaré sarnento, nossos lombos não ficarão marcados. (*Entra Luciano.*) Esse é um tal Luciano, sobrinho do rei.
OFÉLIA	Sois tão bom quanto um coro, senhor.
HAMLET	Poderia narrar o que vai entre tu e o teu amante, se eu pudesse ver como se acariciam os títeres.
OFÉLIA	Sois agudo, senhor, sois agudo.
HAMLET	Custar-te-ia um gemido tirar-me essa agudeza.
OFÉLIA	Ainda melhor, ou antes, pior.
HAMLET	Assim é que enganais vossos maridos. Começa, assassino. Pústula, deixa essas caretas danadas e começa. Vem, o corvo grasna e clama por vingança.
LUCIANO	*Negro intento, apta mão, droga terrível,* *Ninguém que o veja, ocasião plausível,* *Ervas à meia-noite preparadas*

Co'a maldição de Hécate infectadas;
A mágica mistura horripilante
Usurpa a vida humana num instante.

(*Despeja veneno no ouvido do rei adormecido.*)

HAMLET Ele o envenena no jardim por suas posses. Seu nome é Gonzaga. A história ainda existe, escrita em puro italiano. Ireis ver logo como o assassino consegue o amor da mulher de Gonzaga.

OFÉLIA O rei se levanta.

HAMLET O quê, assustado com fogo falso?

RAINHA Como passa o meu senhor?

POLÔNIO Parem a peça!

REI Deem-me luz! Vamos.

POLÔNIO Luzes, luzes, luzes.

(*Saem todos, menos Hamlet e Horácio.*)

HAMLET Que gema o veado na agonia,
E o cervo vá brincando —
Enquanto um dorme, outro vigia;
E o mundo vai andando...

Será que isto, com uma floresta de plumas — se o resto da minha fortuna me der as costas —, com rosas da Provença em seus sapatos esfarrapados, não me daria lugar numa matilha de atores?

HORÁCIO Uma meia cota.

HAMLET Uma inteira, digo.
"Pois Júpiter, Damon amigo,
Aqui reinou por um momento;
E agora reina, eu vos digo,
Um pobre, um mísero... pavão."

HORÁCIO Poderia ter rimado.

HAMLET Meu bom Horácio, jogo mil libras na palavra do espectro! Percebeste?

HORÁCIO Perfeitamente, meu senhor.

HAMLET Na cena do envenenamento?

HORÁCIO Notei-o muito bem.

HAMLET Ah, há! Vamos! Um pouco de música! Que venham as flautas!
Pois se o Rei não gostou da peça,
É que não gostou, ora essa...
Vamos, um pouco de música!

(*Entram Rosencrantz e Guildenstern.*)

GUILDENSTERN Concedei-me, senhor, uma palavra convosco.

HAMLET Senhor, toda uma história.

GUILDENSTERN O rei, senhor...

HAMLET Ora, o que há com ele?

GUILDENSTERN Está em seus aposentos, terrivelmente perturbado.

HAMLET Com bebida, senhor?

GUILDENSTERN Não, meu senhor, com cólera.

HAMLET Vossa sabedoria mostrar-se-ia mais esplendorosa relatando tudo isso a seu médico, pois ser purgado por mim talvez o afundasse em cólera ainda maior.

GUILDENSTERN Meu bom senhor, falai com mais coerência e não fugi tão rudemente ao assunto.

HAMLET Estou calmo. Proclamai.

GUILDENSTERN A rainha, vossa mãe, na maior aflição de espírito, mandou-me procurar-vos.

HAMLET Sois bem-vindo.

GUILDENSTERN Não, meu bom senhor, essa cortesia não É de boa-fé. Se vos apraz dar-me resposta sensata, cumprirei as ordens de vossa mãe; senão, o vosso perdão e a minha volta serão o fim deste assunto.

HAMLET Senhor, não posso.

GUILDENSTERN O quê, meu senhor?

HAMLET Dar-vos resposta sensata; meu espírito está enfermo; mas, senhor, as respostas que eu puder vos dar estão às vossas ordens, ou, como dissestes, às ordens de minha mãe; não resta, pois, senão o assunto. Minha mãe, dizíeis...

ROSENCRANTZ Então, assim diz ela: vosso comportamento a deixou perplexa e cheia de espanto.

HAMLET Oh, filho admirável, que assim pode espantar a mãe! Mas não há consequências por trás dessa admiração materna? Revelai-as.

ROSENCRANTZ Ela deseja falar convosco, em seus aposentos, antes de irdes para o leito.

HAMLET Nós lhe obedeceremos, fosse ela dez vezes nossa mãe. Tendes mais algum negócio a tratar comigo?

ROSENCRANTZ Senhor, outrora fostes meu amigo.

HAMLET E ainda sou, por todos os velhacos e ladrões.

ROSENCRANTZ Meu bom senhor, qual é a causa de vosso destempero? Estais, por certo, fechando a porta de vossa própria liberdade se negais vossos desgostos a vosso amigo.

HAMLET Senhor, falta-me estímulo.

ROSENCRANTZ Como pode ser isso se tendes a palavra do próprio rei a favor de nossa sucessão na Dinamarca?

HAMLET Sim, senhor; mas "enquanto a grama cresce..." o provérbio está um tanto bolorento.

(*Entram os Atores com flautas doces.*)

Oh, as flautas. Deixe-me ver uma. Para terminar, por que ficais tentando girar-me contra o vento, como se quisésseis levar-me para a armadilha?

GUILDENSTERN Senhor, se o meu dever é por demais ousado, minha amizade o torna doloroso.

HAMLET Isso eu não compreendo. Quereis tocar esta flauta?

GUILDENSTERN Senhor, eu não sei.

HAMLET Eu vos peço.

GUILDENSTERN Acreditai-me, não sei.

HAMLET Eu vos suplico.

GUILDENSTERN Eu não sei como se toca, meu senhor.

HAMLET É tão fácil quanto mentir. Controlai esses orifícios com os dedos e o polegar, dai-lhe fôlego com a boca, e ela falará com música muito eloquente. Vede, é aqui que se dedilha.

GUILDENSTERN Não sei fazê-los provocar qualquer sonoridade harmônica. Falta-me a habilidade.

HAMLET Pois vede, então, que coisa sem importância fazeis de mim. A mim quereis tocar, meus controles parece que conheceis; quereis arrancar o âmago do meu segredo; fazer-me soar da minha nota mais baixa até o alto da minha escala; e há muita música, voz excelente neste pequeno órgão, e, no entanto, não podeis fazê-lo falar. Por Deus, pensais acaso que sou mais fácil de tocar do que uma flauta? Chamai-me do instrumento que vos aprouver; mesmo podendo dedilhar-me, não me podeis tocar.
(*Entra Polônio.*)
Deus o abençoe, senhor.

POLÔNIO Meu senhor, a rainha vos quer falar, e agora.

HAMLET Está vendo aquela nuvem que tem quase a forma de um camelo?

POLÔNIO Pela santa missa, e é mesmo como um camelo.

HAMLET Eu acho que parece uma doninha.

POLÔNIO É; tem as costas de doninha.

HAMLET Ou de baleia.

POLÔNIO Muito de baleia.

HAMLET Então irei ver minha mãe, logo, logo. (*à parte*) Brincam comigo até o fim de minha resistência. — Eu irei logo, logo.

POLÔNIO Eu lhe direi. (*Sai.*)

HAMLET É fácil dizer "logo, logo". Deixai-me, amigos.
(*Saem todos, menos Hamlet.*)
Esta é a hora maléfica da noite.

Quando se abrem as campas e o inferno,
Exala peste sobre o mundo. Agora
Eu poderia beber sangue quente
E fazer coisas acres, que de dia
Nos fariam tremer. À minha mãe
Irei agora. Coração, sê forte;
Que a alma de Nero não me invada o peito,
Que eu seja cruel, não desumano.
Falarei de punhais, mas sem usá-los.
Minha língua e minh'alma que se traiam:
Por mais que de injunções eu a atormente,
Que a fira a ação, minh'alma, não consente. (*Sai.*)

Cena III

Uma sala no castelo.
(*Entram o Rei, Rosencrantz e Guildenstern.*)

REI Não gosto do que faz; nem é seguro
Deixar à solta um louco. Preparai-vos:
Vou despachar a vossa comissão:
Com ele partireis para a Inglaterra.
Não pode o nosso Estado tolerar
Perigo tão crescente, de hora em hora,
Quanto a sua loucura.

GUILDENSTERN Partiremos.
É necessário esse piedoso zelo
Para manter a salvo tantas vidas
Que dependem de vossa majestade.

ROSENCRANTZ A vida, por mais simples, tem deveres
Para manter-se e armar o pensamento,
Evitando as desgraças; e ainda mais,
Deve evitá-los um sereno espírito

Sobre cujo valor repousa o Estado,
E a vida de outros mil. A majestade
Não sucumbe sozinha; mas arrasta
Como um golfo o que a cerca; é como a roda
Posta no cume da montanha altíssima,
A cujos raios mil menores coisas
São presas e encaixadas; se ela cai,
Cada pequeno objeto, em consequência,
Segue a ruidosa ruína. O brado real
Faz reboar a voz universal.

REI — Armai-vos e aprontai-vos para a viagem;
Vamos agrilhoar esses temores
Que andam soltos.

ROS., GUI. — Já vamos preparar-nos.

(*Saem Rosencrantz e Guildenstern.*)
(*Entra Polônio.*)

POLÔNIO — Ele já vai em busca de sua mãe.
Sob a tapeçaria, eu me disfarço,
Para ouvir a conversa; e estou seguro
De que ela lhe fará forte censura.
Como dissestes com palavras sábias,
Esse encontro precisa de testemunha
Além da mãe, de vez que a natureza
Faz as mães parciais, alguém à escuta
Que o ouça com proveito. Adeus, senhor,
Eu ver-vos-ei antes de vos deitardes
E direi o que ouvi.

REI — Muito obrigado.
(*Sai Polônio.*)
Meu crime é como um cancro; fede aos céus;
Tem toda a maldição das velhas eras —
A morte de um irmão — Rezar não posso,
Embora o meu desejo seja intenso,

Meu pecado é mais forte que esse intento
E, como um homem preso a dois negócios,
Fico indeciso à escolha do primeiro
E ambos desprezo. Se o fraterno sangue
Tornasse mais escura a mão maldita,
Não haveria chuva que bastasse
Nos doces céus para torná-la branca?
De que serve o perdão, senão de apoio
Para enfrentar o crime? E que há na prece
Mais que o duplo poder de prevenir-nos
Para que não caiamos, e perdoar-nos
Quando caímos? Erguerei os olhos.
A minha falta é coisa do passado —
Porém, que forma de oração me cabe?
Perdoai-me o assassínio cometido?
Não serve. Estou de posse dos proventos
Pelos quais fiz o crime — eis a coroa,
Minha própria ambição, minha rainha.
Pode-se obter o perdão, guardando a ofensa?
Nas correntes corruptas deste mundo,
O crime afasta às vezes a justiça
Com mão dourada, e vemos muitas vezes
Que o prêmio do delito compra a lei.
Mas não é tal nos céus; lá não há manha:
Lá fica a ação co'a própria natureza,
E somos, pois, levados a mostrar
Até os dentes nossas próprias faltas,
E a depor à evidência. E então? Que resta?
Usemos o que pode a contrição.
E o que não pode? E se o arrependimento
Nos é vedado? Oh, sorte miserável!
Alma negra de morte! Alma enredada,
Lutando por livrar-se e sempre, sempre,
Mais confundida! Oh, anjos, ajudai-me!

Tentai! Curvai-vos, joelhos obstinados!
Coração de aço, faz-te tão suave
Quanto os tendões de algum recém-nascido.
Tudo acabará bem.

(*Ajoelha-se.*)

(*Entra Hamlet.*)

HAMLET Agora posso agir, eis que ele reza.
E vou fazê-lo.
(*Tira a espada.*)
E ele entrará no céu;
E eu estarei vingado. Mas pensemos:
Um vilão mata o pai e, em consequência,
Eu, seu único filho, o criminoso
Mando aos céus.
Isso não é vingança, é paga e engano.
Ele colheu meu pai, forte e nutrido,
Em plena floração de seus pecados;
Na flor de maio; e só os céus conhecem
Como deu suas contas ao Criador.
Mas nessas condições, bem refletindo,
Pesa o castigo; e estarei eu vingado,
Levando-o quando está purgando a alma,
Preparado e disposto para o transe?
Não.
Alto, espada! Terás maior violência
Quando o vires dormindo, embriagado,
No prazer incestuoso do seu leito,
Jogando, blasfemando ou cometendo
Um ato que não tenha salvação.
Derruba-o então; de pernas para os céus;
E que sua alma seja negra e horrenda
Como é o inferno. Minha mãe me espera.

Este remédio um pouco mais afasta
O fim de tua vida tão nefasta.

(*Sai.*)

REI (*Erguendo-se.*) Voa a palavra, a ideia jaz no chão;
Palavras ocas nunca aos céus irão.
(*Sai.*)

Cena IV

Os aposentos da Rainha.
(*Entram a Rainha e Polônio.*)

POLÔNIO Ele já vem. Falai-lhe seriamente;
Dizei-lhe que seus atos ultrapassam
Todo limite a suportar, e apenas
Vossa clemência o defendeu da cólera
Do rei. Eu vou ficar bem escondido.
Por favor, sede clara.

RAINHA Não tenhais medo.
Escondei-vos, ouço-o chegar.

(*Polônio esconde-se atrás do reposteiro.*)
(*Entra Hamlet.*)

HAMLET Então, que há, minha mãe?

RAINHA Hamlet, causaste ofensas a teu pai.

HAMLET Mãe, tu causaste ofensas a meu pai.

RAINHA Vamos, tu me respondes com tolices.

HAMLET Vamos, tu me interrogas com malícia.

RAINHA Oh, Hamlet, o que é que tens?

HAMLET De que se trata?

RAINHA Esqueceste quem sou?

HAMLET Não, pela cruz.
És a rainha, a mulher de teu cunhado;
E — antes assim não fosse — és minha mãe.

RAINHA Vou mandar-te quem possa interrogar-te.

(*Como que saindo.*)

HAMLET Vem, vem sentar-te. E não te mexas.
Não irás sem que vejas num espelho
A mais íntima parte de ti mesma.

RAINHA Que vais fazer? Acaso vai matar-me?
Ai, socorro!

POLÔNIO (*atrás do reposteiro*) Socorro!

HAMLET (*Tirando a espada.*) Agora um rato?
Aposto um níquel que ele vai morrer!

(*Dá um golpe através do reposteiro.*)

POLÔNIO (*atrás*) Estou morto.
(*Cai e morre.*)

RAINHA Oh, céus, o que fizeste?

HAMLET Que sei eu? Será o rei?

(*Afasta o reposteiro e descobre Polônio, morto.*)

RAINHA Oh, insensato, que sangrenta ação!

HAMLET Tão sangrenta, tão vil, quase tão torpe
Quanto matar um rei, oh, mãe querida,
E casar-se com o irmão, logo em seguida.

RAINHA Como matar um rei?

HAMLET É o que eu disse.
Adeus, mísero tolo intrometido!
Tomei-te por alguém melhor; a sorte
Te castigou por seres tão solícito.
Não torças tanto as mãos. Senta-te, acalma,
E deixa que eu te torça o coração;
É isso que farei, se ele for feito

De matéria sensível, penetrável,
Se o hábito do inferno não o blindou
Em bronze e o fez infenso ao sentimento.

RAINHA Que fiz eu, para assim me censurares
Levianamente, num clamor tão rude?

HAMLET Um ato que desfaz graça e pudor,
Que deturpa a virtude e corta a rosa
Da pura fronte do inocente amor,
E põe nela um estigma, e torna os votos
Nupciais em falsas juras de traidores,
Um ato que do próprio matrimônio
Arranca a alma, e da doce religião
Faz um arranjo de palavras. Ato
Ante o qual se perturba o firmamento,
Sim, essa massa sólida e complexa
De rosto triste, como no crepúsculo,
Adoece de aflição.

RAINHA Qual é esse ato,
Que clama assim tão forte, e assim troveja?

HAMLET Olha neste retrato e neste outro
A representação de dois irmãos.
Olha a graça que paira nesta fronte;
Como lembra a feição do próprio Zeus,
Olhos de Marte, forte no comando,
O gesto de Mercúrio, o núncio alado,
Sobre a colina, quase alçado ao céu;
Um aspecto e uma forma que realmente
Pareciam dos deuses ter a marca
Que afirma ao mundo que está ali um homem.
Este era o teu esposo. Agora, observa
O teu marido de hoje, espiga podre
Que contamina a safra. Não tens olhos?
Pudeste abandonar essas alturas
Para cevar-te num paul? Tens olhos?

Não me fales de amor; na tua idade
O alvoroço do sangue é fraco e humilde,
E cede ao julgamento. Mas que escolha
Seria entre este e o outro? Certamente
Tens sentidos, mas 'stão paralisados,
Pois a própria loucura não faz erros
Assim; nem os sentidos são escravos
Que não conservem uma certa escolha,
Para servi-los nessa diferença.
Que diabo te logrou na cabra-cega?
Olhos sem senso, sensações sem olhos,
Ouvidos sem as mãos e sem os olhos,
Olfato só, ou parte dos sentidos,
Doente de um sincero sofrimento,
Não poderia transviar-te tanto.
Oh, vergonha, onde estão os teus rubores?
Se o inferno exalta assim uma matrona,
Seja de cera a própria castidade
Na juventude, e se derreta em fogo:
Clamando que não há nenhum opróbrio
Quando ataca o furor, visto que o gelo
Também pode queimar e que a razão
É alcoviteira da vontade.

RAINHA Basta!
Voltas os olhos meus para minh'alma
E neles vejo tantos pontos negros
Que nunca sairão...

HAMLET E isso somente
Para viver num leito conspurcado,
Em meio à corrupção. Fazendo amor
Em vil pocilga.

RAINHA Não me fales mais.
Essas palavras entram como espadas
Nos meus ouvidos. Para, doce Hamlet!

HAMLET — Assassino e vilão, mísero escravo,
Que não vale um vigésimo do dízimo
Do teu antigo esposo, um rei palhaço,
Usurpador do reino e do comando,
Que roubou um precioso diadema
E o pôs no bolso...

RAINHA — Não, não fales mais!

HAMLET — Um rei de trapos e retalhos...
(*Entra o Fantasma.*)
Valei-me, e sobre mim abri as asas,
Guardas celestes! Que é que me quereis
Serena forma?

RAINHA — Está de fato louco.

HAMLET — Viestes para ralhar com vosso filho,
Que, preso de paixão e do momento,
Deixa passar a execução do ato
Que lhe ordenastes? Por favor, dizei-o!

FANTASMA — Não te esqueças. O fim desta visita
É avivar teu ânimo esgotado.
Mas vê que o espanto oprime a tua mãe;
Põe-te entre ela e su'alma conflagrada,
Que o mal domina o corpo que é mais fraco.
Fala-lhe, Hamlet.

HAMLET — Como estás, senhora?

RAINHA — Como estás tu, que fixas olhos vagos
No vácuo, e que te empenhas em conversa
Com o ar sem corpo? Filho, nos teus olhos,
Teu espírito espreita, alienado,
Como o soldado que desperta o alarme;
Teus cabelos, sedosos, acamados,
Como excrescências vivas se levantam
E estão de pé. Oh, meu querido filho,
Deita o bálsamo frio da paciência

Sobre a chama e o calor do desvario.
Para onde estás olhando?

HAMLET Oh, para ele!
Olha tu, como pálido fulgura!
Seu aspecto e sua causa, conjugados,
Se ele pregasse às pedras, mesmo às pedras
Tocariam! — Não me fites assim,
Senão, com esse olhar tão doloroso,
Abalais minhas rudes intenções.
O que tenho a fazer requer violência,
As lágrimas talvez mudando em sangue...

RAINHA A quem falas assim?

HAMLET Tu não vês nada?

RAINHA Nada, mas vejo tudo o que nos cerca.

HAMLET Nada ouviste?

RAINHA Não, nada; exceto a nós.

HAMLET Olha ali! Vê como ele se retira,
Meu pai, com o mesmo traje que ele usava!
Olha por onde vai, transpondo a porta!

(*Sai o Fantasma.*)

RAINHA Essa é uma criação do teu espírito;
Esses vultos sem corpo — esses espectros
— São hábeis criações do teu delírio!

HAMLET Delírio! Meu pulso é como o teu,
Seu ritmo é normal. Não é loucura
O que eu disse; tu podes pôr-me à prova:
Repetirei as frases que a loucura
Confundiria. Não, por Deus te peço,
Não continues a embalar tu'alma
Nessa ilusão que é minha loucura
Que fala no lugar das tuas faltas.
Isso seria um bálsamo nas úlceras,
Enquanto a corrupção te vai minando,

Invisível, cruel. Confessa aos céus,
Contrita, o teu passado. Evita os males
Que virão, e não ponhas mais estrume
Nas ervas más. Perdoai minha virtude
Que assim fala; na enxúndia destes dias
Obesos, a virtude se constrange,
Pede perdão ao vício, e curva a espinha,
A cortejá-lo para fazer o bem.

RAINHA Hamlet, partiste em dois meu coração

HAMLET Pois joga fora a parte mais corrupta,
Para viver mais pura co'a outra parte.
Boa noite. Mas não vás ao leito dele;
Se não és virtuosa, finge sê-lo;
O hábito, esse monstro que devora
O juízo, é por vezes como um anjo
Que nos dá a sotaina que se ajusta
Aos atos bons. Refreia-te esta noite;
E isso dará certa facilidade
À próxima abstinência; e mais à outra,
Pois o costume altera a natureza,
A ponto de vencer o próprio diabo,
Ou de expulsá-lo, com potência enorme.
Mais uma vez, boa noite. E se quiseres
Ser abençoada, eu pedirei a benção
Divina para ti. — Quanto a esse nobre,
Eu me arrependo; mas aprouve aos céus
Puni-lo com meu ato, e a mim com ele,
Servindo eu de castigo e de instrumento.
Vou escondê-lo e resgatar, por certo,
A morte que lhe dei. Então, boa noite!
Eu devo ser cruel para ser honesto;
Começa o mal, pior será o resto.
Uma palavra mais.

RAINHA Que farei eu?

HAMLET Nada daquilo que eu peço que faças:
Deixa que o fátuo rei te leve ao leito,
Te belisque na face com luxúria,
E uma carícia no pescoço obtenha
De ti a história toda deste caso,
Que eu não sou louco, mas apenas finjo.
É bom que lhe confesses tudo isso;
Pois quem, não sendo mais que uma rainha
Bela, virtuosa e casta, esconderia
De um sapo, de um chacal, de um velho gato,
Tantas boas-novas? Quem faria isso?
Não, apesar da sensatez discreta,
Abre essa cesta no telhado e deixa
Voar os passarinhos; como o mono,
Entra na cesta para ver o fundo
E quebra nessa queda o teu pescoço.

RAINHA Fica certo, se o sopro das palavras
Vem do sopro da vida, eu não o tenho
Para dizer o quanto me disseste.

HAMLET Tenho de ir à Inglaterra; sabes disso?

RAINHA Eu o tinha esquecido, mas é certo.

HAMLET Há papéis assinados; e os colegas,
Em quem confio como em duas víboras,
Vão limpar-me o caminho e vão guiar-me
A uma cilada. Pois que isso aconteça.
É divertido ver o sapador
Saltar com o seu petardo: vai ser duro,
Mas eu hei de cavar por sob as minas
E na explosão os mandarei à Lua.
Oh, como é doce quando dois espertos
Se encontram, de repente, face a face.
Esse homem vai fazer com que eu me mova,
Arrastando-lhe as vísceras para fora.
Mãe, boa noite. O nosso conselheiro

Quão sério agora está, grave, calado,
Que foi em vida um falador avoado.
Vamos, senhor, pôr fim ao vosso fado.
Boa noite, mãe.

(*Saem separadamente, Hamlet arrastando Polônio.*)

Ato IV
Cena I

Uma sala do castelo.
(*Entram o Rei, a Rainha, Rosencrantz e Guildenstern.*)

REI — Como estás ofegante, suspirando...
Algo existe que deves explicar.
Convém que eu saiba. Onde ficou teu filho?

RAINHA — Deixai-nos nesta sala por um pouco.
(*Saem Rosencrantz e Guildenstern.*)
Ai, meu senhor, que vi agora à noite!

REI — O quê, Gertrudes? Como se acha Hamlet?

RAINHA — Louco, como se o mar e o vento em luta
Quisessem disputar qual o mais forte.
No seu estranho estado, ouvindo um ruído
Atrás de uma cortina, tira a espada,
Gritando "um rato, um rato", e em seu delírio,
Mata o bom velho oculto.

REI — Oh! feito odioso!
Se fosse eu a lá estar, faria o mesmo!
Livre, ele ameaça a todos nós,
E a cada um. Como daremos contas
Desse cruento feito? Vão julgar-nos

Culpados, pois a nossa providência
Devia ter forçado o afastamento
Do jovem louco. Mas o amamos tanto
Que não tomamos a medida urgente,
Como o doente de chaga repulsiva,
Para a manter secreta, deixa-a roendo
O âmago da vida. Onde foi ele?

RAINHA Saiu puxando o corpo que matara,
E sobre o qual a sua própria insânia
Se mostra pura como a gota de ouro
Entre outros vis metais. Pois ele chora
O mal que fez.

REI Oh, vamo-nos, Gertrudes!
Mal toque o Sol o cimo das montanhas,
Já terá de embarcar; e o feito ignóbil
Devemos, com cautela e majestade,
Esconder e perdoar. Ei, Guildenstern!
(*Entram Rosencrantz e Guildenstern.*)
Amigos, ide os dois dar-lhe assistência.
Hamlet está louco e assassinou Polônio;
E após, puxando o corpo, se afastou
Do quarto de sua mãe. Ide em procura
Dele, falai com doçura e trazei
Para a capela o corpo. Ide depressa!
(*Saem os dois.*)
Vamos, Gertrudes, convocar amigos,
Os mais sensatos, e dizer-lhes tudo,
O que iremos fazer e o que foi feito.
Assim talvez a infâmia e o murmúrio,
Cujo sopro se espraia pelo mundo,
Certeiro como um tiro de canhão,
Nos erre o nome e fira o ar inócuo.
Vamos daqui! Minh'alma está repleta

De mágoa e confusão a mais completa.
(*Saem.*)

Cena II

Outra sala do castelo.
(*Entra Hamlet.*)

HAMLET Já está oculto.
ROS., GUI. Hamlet! Nobre Hamlet!
HAMLET Silêncio! Que ruído é esse? Quem me chama? Ah, lá vêm eles.

(*Entram Rosencrantz e Guildenstern*)

ROSENCRANTZ O que é que fez, senhor, do corpo inerte?
HAMLET Misturei-o com o pó de onde proveio.
ROSENCRANTZ Mas diga-nos onde ele está, para podermos achá-lo e então levá-lo para a capela.
HAMLET Não o creiam.
ROSENCRANTZ Crer o quê?
HAMLET Que eu possa guardar o seu segredo e não o meu. E depois, ao ser interrogado por uma esponja, que resposta deve ser dada pelo filho de um rei?
ROSENCRANTZ Toma-me por uma esponja, meu senhor?
HAMLET Exato. É uma esponja que se ensopa nos favores do rei, em suas recompensas e autoridades. Mas tais servidores prestam, afinal, os melhores serviços ao rei: ele os conserva, como um macaco faz com as nozes, no canto do maxilar; é o que primeiro abocanha, mas engole por último. Quando precisa daquilo que colheu, basta espremê-lo, e ficará seco novamente.
ROSENCRANTZ Eu não o compreendo, meu senhor.

HAMLET Isso me alegra. Uma fala safada dorme em um ouvido tolo.

ROSENCRANTZ Senhor, deve dizer-nos onde está o corpo, e ir conosco à presença do rei.

HAMLET O corpo está com o rei, mas o rei não está com o corpo. O rei é uma coisa...

GUILDENSTERN Uma coisa, senhor?

HAMLET De nada. Levem-me a ele.

(*Saem.*)

Cena III

Sala do castelo.
(*Entram o Rei e dois ou três nobres.*)

REI Mandai buscá-lo, e procurar o corpo.
Que perigo, deixá-lo assim à solta!
No entanto, não podemos castigá-lo:
Ele é querido pela multidão,
Que não segue a justiça, mas os olhos,
Vendo apenas o peso do castigo,
Nunca o do crime. Para sossegá-la,
Esta partida deve parecer
Deliberada e calma decisão.
Doenças graves, quando em desespero,
Serão curadas por violentos choques
Ou não têm cura.
(*Entra Rosencrantz.*)
O que é que aconteceu?

ROSENCRANTZ Senhor, não conseguimos que contasse
Onde escondeu o corpo.

REI E onde está ele?

ROSENCRANTZ Aí fora, senhor; e bem-guardado.
Às vossas ordens.

REI Trazei-o à nossa presença.

ROSENCRANTZ Oh, Guildenstern! Traz o nosso príncipe.

(*Entram Hamlet e Guildenstern.*)

REI Vamos, Hamlet; onde está Polônio?

HAMLET Numa ceia.

REI Numa ceia? Onde?

HAMLET Não onde come, mas onde é comido. Uma certa convocação de vermes políticos está ainda agora a atacá-lo. O verme é o único imperador da dieta: cevamos todas as outras criaturas para que nos engordem, e cevamos a nós mesmos para as larvas. O rei gordo e o mendigo esquelético não são mais que variedade de cardápio — dois pratos, para a mesma mesa: Esse é o fim.

REI Que pena! Que pena!

HAMLET Um homem qualquer pode pescar com o verme que engoliu um rei, e depois comer o peixe que engoliu o verme.

REI Que queres dizer com isso?

HAMLET Nada, a não ser mostrar como um rei pode passar em cortejo pelas tripas de um mendigo.

REI Onde está Polônio?

HAMLET No céu. Mandai procurá-lo por lá. Se vosso mensageiro não o encontrar, ide vós mesmo procurá-lo no outro lado. Em verdade, se não o encontrardes dentro de um mês, sentireis o seu cheiro quando subirdes a escada da galeria.

REI (*aos Criados*) Ide procurá-lo por lá.

HAMLET Ele há de chegar até que cheguem.

(*Saem os Criados.*)

REI Hamlet, por este fato e a segurança
De tua própria vida — embora a mágoa
Que nos custaste esteja bem presente —,
Faz com que te afastes sem demora.
Prepara-te, portanto. A embarcação
Está pronta, o vento sopra favorável,
Companheiros à espera, e de partida
Para a Inglaterra.

HAMLET Para a Inglaterra?

REI Isso, Hamlet.

HAMLET Bem.

REI E é mesmo, se conhecesses nossos propósitos.

HAMLET Vejo um anjo que os sabe. Mas vamos para a Inglaterra. Adeus, querida mãe.

REI Teu pai que o ama, Hamlet.

HAMLET Minha mãe. Pai e mãe são marido e mulher, marido e mulher uma só carne; então, minha mãe. Vamos para a Inglaterra.
(*Sai.*)

REI Segui-o de bem perto. E embarcai-o
Sem demora. — Que parta ainda esta noite.
Ide: está tudo pronto e preparado
Para a partida. E parti depressa.
(*Saem Rosencrantz e Guildenstern.*)
E se, rei da Inglaterra, algo me prezas —
E meu grande poder deve valer-me,
Já que inda tens sangrentas cicatrizes
Da nossa espada, e rendes homenagem
Do teu respeito —, não verás sem zelo
Este ato soberano, que consiste
Em cartas, que explicam nosso intuito,
De pronta morte para o pobre louco.
Fá-lo, Inglaterra; pois igual à tísica
Ele raiva no meu sangue, e vais curar-me.

Até que eu saiba o meu mandado feito,
Não terei um só dia satisfeito.
(*Sai.*)

Cena IV

Uma planície na Dinamarca.
(*Entram Fortimbrás, um Capitão e soldados, marchando.*)

FORTIMBRÁS — Vai, Capitão, levar meus cumprimentos
Ao rei da Dinamarca. Vai dizer-lhe
Que, como foi assente, Fortimbrás
Pede-lhe escolta para a sua marcha
Neste reino. Já sabe onde é o encontro.
Se sua majestade concordar,
Iremos exprimir pessoalmente
Nosso respeito.

CAPITÃO — Assim farei, senhor.

FORTIMBRÁS — Avante, devagar.

(*Saem todos, menos o Capitão.*)
(*Entram Hamlet, Rosencrantz e Guildenstern.*)

HAMLET — Meu senhor, de quem são esses exércitos?

CAPITÃO — Do rei da Noruega, meu senhor.

HAMLET — Para onde se dirigem, se permite?

CAPITÃO — Contra uma parte da Polônia.

HAMLET — Quem os comanda?

CAPITÃO — O sobrinho do rei; é Fortimbrás.

HAMLET — Vão contra toda a terra da Polônia
Ou para alguma fronteira?

CAPITÃO — Para falar a verdade, sem rodeios,
Vamos tomar uma pequena terra
Que nada vale além do simples nome.

Nem por cinco moedas a quereria
Para cultivar; e o resto da Polônia,
Ou a Noruega não teriam mais
Se a vendessem em livre operação.

HAMLET A Polônia não há de defendê-la.

CAPITÃO Sim, ela já se acha guarnecida.

HAMLET Duas mil almas, vinte mil ducados
Não são o preço dessa ninharia!
Esse é o abscesso da paz e da opulência,
Que arrebenta por dentro e não exibe
Qual a causa da morte. — Humildemente
Eu lhe agradeço.

CAPITÃO Adeus, senhor.
(*Sai.*)

ROSENCRANTZ Podemos ir, senhor?

HAMLET Eu os encontro logo. Vão na frente.
(*Saem todos, menos Hamlet.*)
Como as coisas se ligam contra mim
E incitam minha tímida vingança.
O que é um homem se o seu grande bem
É dormir e comer? Um bruto, apenas.
Aquele que nos fez com descortino,
Com passado e futuro, certamente
Não nos dotou dessa razão divina
Para mofar sem uso. Seja, no entanto,
Esquecimento ou escrúpulo covarde,
De pensar claramente no que ocorre —
Cérebro que possui somente um quarto
De consciência e três quartos de baixeza —,
Eu nem sei por que vivo e apenas digo
Isso deve ser feito, pois não faltam
Razões, vontade e força, e os próprios meios para fazê-lo. Exemplos evidentes
Me exortam a lutar. Como essa armada

Tão vultosa e tão cara, conduzida
Por um príncipe jovem e sensível,
Cuja paixão, numa ambição divina,
Faz muxoxo às possíveis consequências,
Expondo o que é mortal e duvidoso
A toda essa aventura, à morte, ao risco,
Por uma casca de ovo... Pois ser grande
Não é mover-se sem motivo sério,
Mas com grandeza se bater por nada
Se a honra está em jogo. Como posso
Eu, que tenho o pai morto e a mãe infame —
Estímulos do espírito e do sangue —,
Deixar tudo dormir, enquanto vejo,
Para vergonha minha, a sorte absurda
De vinte mil soldados, que, por causa
De um sonho ou da promessa de uma
Glória, vão para a tumba como para o leito,
Lutam por um pedaço de terreno,
Onde não cabem todos os seus corpos,
Para a todos servir de sepultura?
Doravante, terei ódio sangrento
Ou nada valerá meu pensamento.
(*Sai.*)

Cena V

Elsinore. Uma sala no castelo.
(*Entram a Rainha, Horácio e um Cavalheiro.*)

RAINHA Não, não quero falar-lhe.
CAVALHEIRO Ela, contudo,
Insiste, realmente tresloucada.
Seu estado merece compaixão.

RAINHA Mas que quer ela?

CAVALHEIRO Fala de seu pai,
Diz que sabe os enganos deste mundo,
Bate no peito e chora, descontrola-se.
Diz coisas dúbias, frases sem sentido,
Dessas que têm ideias por metade.
Quem a ouve e procura compreendê-la
Completa com os seus próprios pensamentos
Suas palavras que, com gestos vagos,
Fazem com que se possa suspeitar,
Embora incertos, graves infortúnios.

HORÁCIO Seria bom falar-lhe, pois maldosas
Mentes podem dar pasto a conjecturas.

RAINHA Deixai-a entrar.
(*Sai o Cavalheiro.*)
(*à parte*) Para minh'alma doente,
Como acontece sempre no pecado,
Cada fato sugere um mal latente.
A culpa tem tais coisas a temer
Que se mata com medo de morrer.
(*Volta o Cavalheiro, com Ofélia.*)

OFÉLIA Onde está essa bela majestade?

RAINHA Então, Ofélia?

OFÉLIA (*Canta.*)
Como de outro distinguir
Teu fiel apaixonado?
Pelo tipo de chapéu,
A sandália e o cajado.

RAINHA Linda jovem, que dizes nesse canto?

OFÉLIA Quereis saber? Por favor, atentai.
(*Canta.*)
Ele morreu e se foi
Está morto e repousa agora;

A cabeça num canteiro
E os pés nas pedras, senhora.

RAINHA — Mas não, Ofélia...

OFÉLIA — Reparai, por favor.
(*Canta.*)
O sudário é de neve da montanha...
(*Entra o Rei.*)

RAINHA — Ai, ai, vê só, senhor.

OFÉLIA — (*Canta.*)
Alimentado de flores
Baixou à campa entre lágrimas
Dos olhos dos seus amores.

REI — Como está, linda jovem?

OFÉLIA — Bem, como Deus quer. Dizem que a coruja era filha de um padeiro. Senhor, nós sabemos o que somos, mas não o que poderemos vir a ser. Deus esteja à vossa mesa.

REI — Está pensando no pai.

OFÉLIA — Por favor, não falemos nisso. Mas, quando vos perguntarem o que quer dizer, dizei assim:
(*Canta.*)
Amanhã é dia santo,
Dia de São Valentim;
Na janela desde cedo,
Tu vais esperar por mim
Para ser tua Valentina.
Ele ergueu-se e se vestiu,
Abriu a porta do quarto,
Deixou entrar a menina,
A donzela Valentina,
Que donzela não saiu.

REI — Pobre Ofélia!

OFÉLIA — Na verdade, sem lamentos, vou pôr fim a esta história:

(*Canta.*)
Por Cristo e por caridade,
Que tristeza e que vergonha,
Em tendo oportunidade
Os rapazes farão isso;
E são culpados de tudo.
Pois antes de eu ter caído,
Jurastes ser meu marido.
E ele responde:
(*Canta.*)
Eu teria casado, satisfeito,
Se não tivesses tu vindo ao meu leito.

REI — Mas há quanto tempo ela está assim?

OFÉLIA — Espero que tudo acabe bem. É preciso ter paciência, mas eu não posso deixar de chorar quando penso que o deitaram no chão frio. Meu irmão vai saber de tudo. Assim, eu vos agradeço pelo vosso bom conselho. — Vem, minha carruagem! Boa noite, senhoras; boa noite, lindas senhoras; boa noite, boa noite.

(*Sai.*)

REI — Vigiai-a. Segui-a bem de perto.

(*Sai Horácio.*)

Esse veneno de profunda mágoa
Vem todo do desgosto de ver morto
O pai. Vê tu, Gertrudes, oh, Gertrudes!
Os males nunca vêm como escoteiros,
Mas em massa. Primeiro o assassinato;
Depois o exílio do teu filho; o povo
Perturbado, confuso, remoendo
A morte de Polônio — e nós erramos
Sepultando-o sem pompas. Hoje Ofélia
Fora de si, perdida a lucidez,

Sem a qual somos como os animais.
Não menos grave a volta inesperada
Do irmão, que aqui chegou secretamente,
E se nutre de dúvidas estranhas.
Não faltam vozes que encham seus ouvidos
Da morte de seu pai; falho de provas,
Não sentirá escrúpulos em dar-nos
Como culpados, e de ouvido a ouvido
Isso irá, qual ribombo de canhão.
Vejo a morte a soprar por muitos lados,
Minha cara Gertrudes.
(*ruído fora*)
Que razão
Há para tanto tumulto? Alerta, alerta!
Os suíços, onde estão? Guardem a porta.
(*Entra um Mensageiro.*)
Que é que há?

MENSAGEIRO Senhor, ponde-vos a salvo.
O oceano, quando passa os seus limites,
Não lambe a terra com maior violência
Do que o jovem Laertes, com um bando
De vossos oficiais. Chamam-no Chefe,
E, como se a nação recomeçasse,
Esquecido o passado, em novos hábitos,
Retificados por palavra e atos,
Gritam: "Façamos de Laertes rei!"
Gorros, línguas e mãos aplaudem, loucos:
"Laertes será rei, Laertes rei."

RAINHA Como se lançam nessa pista falsa.
Isso é vil, falsos cães da Dinamarca.

(*mais ruído fora*)

REI As portas cedem!

(*Entra Laertes, armado, com Seguidores.*)

LAERTES Onde está esse rei? — Fiquem lá fora.

SEGUIDORES Não! Queremos entrar!

LAERTES Deixem-nos, peço.

SEGUIDORES Está bem, está bem.

LAERTES Assim; guardem a porta.
(*Saem os Seguidores.*)
E tu, vil rei, devolve-me meu pai!

RAINHA (*Segura-o.*) Calma, meu bom Laertes.

LAERTES Uma gota
De sangue calmo e eu não seria eu mesmo.
Marcaria o ferrete de rameira
Na fronte casta e pura de minha mãe.

REI Por que razão a tua rebeldia
Toma essas gigantescas proporções?
Deixa-o, Gertrudes; não tenhamos medo.
Tal é a divindade em torno ao rei
Que a traição mal consegue, pelas frestas,
Ver aquilo que quer. Eis-me, Laertes;
Por que tão grande ardor? Deixa-o, Gertrudes.
Fala, homem.

LAERTES Onde está meu pai?

REI Está morto.

RAINHA Mas não pelo teu rei.

REI Deixa que indague tudo quanto queira.

LAERTES Como morreu? Ninguém queira enganar-me.
Para o inferno a lealdade. As minhas juras,
Leve-as o demo! Que a consciência e a graça
Se vão com ele! Enfrento a danação.
Cheguei ao ponto de não ter respeito
A este mundo nem ao outros. Venha
O que vier, hei de vingar meu pai;
Vingá-lo inteiramente.

REI Quem o impede?
LAERTES Minha vontade, não a deste mundo.
E quanto aos meios, hei de controlá-los
Tão bem que farão muito com tão pouco,
Ao desejar saber toda a verdade.
REI Da morte de teu pai, pede a vingança
Que atinjas ao acaso, com teus golpes,
Amigo ou inimigo, vencedor
Ou derrotado?
LAERTES Apenas inimigos.
REI Desejas conhecê-los, pois, Laertes?
LAERTES A amigos dele estes meus braços
Se abrirão, e qual nobre pelicano
Hei de nutri-los com meu sangue.
REI Agora
Falas como um bom filho e um cavalheiro.
Que não me cabe a culpa nessa morte,
E que ela me causou profunda mágoa,
Penetrará tão claro em teu juízo
Como o dia que surge ao teu olhar.
DINAMARQUÊS Deixai-a entrar!
LAERTES Mas que rumor é esse?
(*Volta Ofélia.*)
Calor, seca-me o cérebro! Oh, lágrimas
Sete vezes salgadas, que os meus olhos
Se queimem e não mais sirvam à vista.
Céus! Pagarei tua loucura a peso
Até que desça o prato da balança.
Rosa de maio, doce irmã, Ofélia!
Oh, céus, como é possível que o espírito
De uma jovem se mostre tão precário
Quanto a vida de um velho? A natureza
É bela em seu amor, e quando é bela

Manda um precioso signo dela mesma
Sobre o objeto que ama.

OFÉLIA (*Canta.*)
Levaram-no sem véu no seu caixão,
Ai, na, na, na, na, ai, na, na, na;
E sobre ele correu pranto em porção...
Adeus, minha rola.

LAERTES Se em juízo perfeito me incitasses
À vingança, talvez não me causasses
Tão profunda emoção.

OFÉLIA Tu deves cantar *Para baixo, para baixo*, e vós *Chamem-no por baixo.* Como fica bem para a roda! Foi o falso mordomo que roubou a filha do patrão.

LAERTES Esse nada é mais que muito.

OFÉLIA Aqui tens rosmaninho, para recordação — eu te peço, amor, recorda-te. E temos amores-perfeitos para o pensamento.

LAERTES Ensinamentos na loucura: pensamentos unidos às lembranças.

OFÉLIA Aqui está funcho para vós, e colombinas. Eis arruda para vós. E aqui está um pouco para mim. Podemos chamá-la erva-da-graça aos domingos. Vós deveis usar vossa arruda por outro motivo. Eis uma margarida. Gostaria de dar-vos algumas violetas, mas todas murcharam quando meu pai morreu. Dizem que ele teve um bom fim.
(*Canta.*)
Pois o lindo e doce Robin é todo o meu prazer.

LAERTES Pensamento e aflição, paixão, inferno.
Tudo ela muda em graça e em beleza.

OFÉLIA (*Canta.*)
E ele não mais há de voltar?
E ele não mais há de voltar?
Não, ele morreu,

Foi ao sepulcro descansar.
Ele não mais há de voltar.

A sua barba era de neve,
O seu cabelo era de linho.
Ele morreu, ele morreu,
Não adianta mais chorar.
Deus que o recolha em seu carinho.
E a todas as outras almas cristãs.
Deus esteja convosco.
(*Sai.*)

LAERTES Estais vendo isso, oh, Deus?

REI Laertes, eu comungo em tua dor,
Ou me negas justiça. Vai, escolhe
Os amigos mais sábios e sensatos,
E eles irão julgar entre nós dois.
Se por meio direto ou indireto
Me julgarem culpado, eu te darei
Vida, coroa, e tudo o que possuo,
Para tua vingança; mas se o negam,
Que te contente usar de paciência
E nós iremos, junto de tua alma,
Dar-lhe satisfação.

LAERTES Pois assim seja.
Sua morte, seu triste funeral —
Sem espada, troféus ou galas fúnebres,
Sem nobre rito ou justa ostentação —
Clama por ser ouvida a céus e terras,
E eu devo investigar.

REI De acordo, amigo.
E onde o crime surgir, virá castigo.
Agora vem comigo, por favor.
(*Saem.*)

Cena VI

Outra sala do castelo.
(*Entra Horácio com um Criado.*)

HORÁCIO Quem quer falar comigo?
CRIADO Homens do mar;
Dizem que trazem cartas pr'o senhor.
HORÁCIO Pois que entrem. (*Sai Criado.*)
Não sei quem poderia
Enviar-me saudações, no mundo inteiro,
A não ser meu nobre amigo Hamlet.

(*Entram Marinheiros.*)

1º MARINHEIRO Deus vos guarde, senhor.
HORÁCIO E a ti também.
1º MARINHEIRO Ele o fará, senhor, se o bem quiser. Aqui está uma carta para o senhor. Ela veio de um embaixador que foi mandado à Inglaterra — se o seu nome é Horácio, como me disseram que é.
HORÁCIO (*Lê.*)
Horácio, quando tiveres lido esta, encaminha Esses homens para o rei. Levam cartas para ele. Mal estávamos havia dois dias no mar, um pirata de equipamento muito guerreiro nos deu caça. Vendo-nos muito fracos de vela, fomos obrigados a mostrar muita bravura, e na abordagem saltei-lhes ao barco. Nesse instante eles se desprenderam de nossa nave, e assim só eu tornei-me seu prisioneiro. Trataram-me como ladrões generosos: mas sabiam o que estavam fazendo; terei de retribuir-lhes o favor. Faz com que o rei receba as cartas que mandei, e vem encontrar comigo aqui onde estou tão depressa quanto se estivesses fugindo da morte. Tenho coisas a dizer em teu ouvido que te deixarão mudo; no entanto, serão leves demais para o

calibre deste assunto. Esses bons sujeitos te trarão para onde estou. Rosencrantz e Guildenstern continuam a viagem para a Inglaterra; deles terei muito o que te contar. Adeus.
Aquele que sabes teu,
Hamlet.
Vou conduzi-los pra entregar as cartas;
Sejam ligeiros, para após levar-me
Àquele que os mandou até aqui.

(*Saem.*)

Cena VII

Outra sala do castelo.
(*Entram o Rei e Laertes.*)

REI
Agora, em consciência, tu me absolves
E me guardas no peito como amigo,
Depois que ouviste, e com que sábio ouvido,
Que aquele que matou teu nobre pai
Buscava a minha vida.

LAERTES
Mas, dizei-me
Por que não procedestes contra os fatos
Tão criminosos e de tal violência,
Se por vossa grandeza e segurança
Éreis tão provocado.

REI
Dois motivos,
Que podem parecer-te sem valia,
Mas são fortes para mim. Pela rainha,
Sua mãe, que só vive para ele;
E por mim mesmo... Por bem ou por mal,
A tenho tanto unida ao corpo e à alma

Que, como a estrela que se move apenas
Na sua esfera, eu vivo só por ela.
A outra causa de eu não ir a público
É o grande amor que o povo tem por ele,
Afogando os seus erros nesse afeto,
Tal como a fonte que faz pão da pedra,
Lhe mudaria as faltas em adornos,
E as minhas frágeis flechas, contra o vento,
Voltariam ao arco, sem chegarem
Ao alvo que eu visava.

LAERTES Desse modo,
Perdi meu pobre pai, e vejo agora
Minha irmã arrastada ao desespero —
Cujo valor, louvando o que ela foi,
Desafiou o píncaro dos tempos,
Por suas perfeições. Hei de vingar-me.

REI Não percas o teu sono. Não presumas
Que somos feitos de tão vil matéria
Que vejamos o mal às nossas barbas
E o tomemos por graça. Em pouco tempo
Ouvirás mais. Eu tinha por teu pai
Grande amizade. E a temos por nós mesmos.
Isso, espero, fará com que compreendas...
(*Entra um Mensageiro, com cartas.*)
Que é que há?

MENSAGEIRO Cartas, senhor, de Hamlet.

REI De Hamlet? Quem as trouxe?

MENSAGEIRO Marinheiros,
Senhor, segundo dizem. Não os vi;
A mim foram entregues pelo Cláudio,
Que deles recebeu-as.

REI Vais ouvi-las,
Laertes. Deixa-nos.
(*Sai o Mensageiro.*)

(*Lendo.*) *Alto e poderoso. Sabei que fui deixado nu em vosso reino. Amanhã pedirei permissão para ver os vossos reais olhos, quando, Primeiro pedindo o vosso perdão, vos contarei as circunstâncias da minha súbita e, mais que tudo, estranha volta.*

Hamlet.

Que quer isto dizer? Voltaram todos?
Ou trata-se de abuso, e é tudo falso?

LAERTES É sua a letra?

REI Sim, de Hamlet. "Nu"...
E nos *post-scriptum* diz "sozinho". Entendes?

LAERTES 'Stou confuso, senhor; mas que ele venha!
Consola-me o dolorido coração
Poder viver para atirar-lhe ao rosto
"Isto fizeste tu!"

REI Assim, Laertes;
E tem de ser assim; como o contrário?
Queres seguir agora o meu conselho?

LAERTES Contanto que não seja pela paz.

REI A tua própria paz. Se ele hoje volta —
Se ele abandona a viagem e pretende
Não mais fazê-la —, eu hei de conduzi-lo
A certa empresa que já tenho em mente,
Na qual ele terá de sucumbir.
Dessa morte não pode haver censura;
E a sua própria mãe 'stará de acordo
Em chamá-la acidente.

LAERTES Eu me submeto:
E é melhor que, o plano estando urdido,
Eu possa executá-lo.

REI Estamos certos.
Desde que viajaste, toda a gente
Fala em teu nome — e Hamlet sabe disso —
Sobre um dom em que dizem que tu brilhas:

Teus muitos outros dons não lhe causaram
Tamanha inveja; e esse é, no meu conceito,
Um dos mais fracos.

LAERTES Mas que dom, senhor?

REI Um laço no chapéu da juventude,
Mas necessário; à mocidade calham
As roupas leves e sem pompa que usa,
Como aos mais velhos martas e roupagens
Que refletem seu siso e gravidade.
Há dois meses esteve nesta corte
Um normando — eu servi contra os franceses,
Conheço-lhes o garbo em montaria:
Mas aquele era um mágico; crescia
Na sela; tais proezas realizava
Com seu cavalo, que dir-se-ia um corpo
Único, o que formava com o corcel.
De tal forma excedeu meu pensamento
Que eu, sonhando figuras e artifícios,
Fiquei aquém do que ele realizou.

LAERTES Um normando?

REI Um normando.

LAERTES Por meu sangue,
Lamord.

REI O próprio.

LAERTES Eu o conheço bem.
Ele é esplêndido, uma joia excelsa,
Um orgulho de todo o seu país.

REI Ele te reconhece superior,
E de tal forma nos narrou teus feitos
Na arte e no exercício da defesa,
Especialmente no que toca a espada,
Que clamou "que espetáculo seria"
Se alguém pudesse te enfrentar, porquanto
Os esgrimistas seus compatriotas

Não teriam ataque, vista ou guarda
Ao medir-se contigo. E, ouvindo-o, Hamlet
Se envenenou de inveja, desejando
Apenas que depressa regressasses
Para contigo se bater. Portanto...

LAERTES — Portanto o quê, senhor?

REI — Caro Laertes,
Amavas tu teu pai sinceramente?
Ou és somente o aspecto de uma dor,
Face sem coração?

LAERTES — Por que indagais?

REI — Não que eu pense que tu não o estimavas,
Mas sei que o amor varia com o tempo
E vejo, em circunstâncias que o comprovam,
Esmorecer co'o tempo o ardor e a flama.
Dentro do amor existe uma centelha
Que abranda e que definha com o tempo;
Nada perdura sempre na bonança,
Pois o bem, quando sobe ao próprio excesso,
Morre por ser demais. O que queremos
Fazer deve ser feito na hora exata;
Pois o próprio "querer" muda e declina,
Ferido quando adiado. Mas vejamos:
Que vai provar o teu amor de filho
Mais que as palavras?

LAERTES — Quero degolá-lo
Na igreja.

REI — Nem ali o crime pode
Santificar-se. É certo que a vingança
Não deve ter fronteiras; mas, Laertes,
É melhor que te feches no teu quarto.
Hamlet, chegando, saberá de tua volta:
Faremos o louvor do teu prestígio,
Dando novo verniz à grande fama

Que te deu o francês para, afinal,
Fazer com que se encontrem face a face,
Havendo apostas sobre um e outro.
Hamlet é displicente e sem malícia,
Nem cuidará das armas; desse modo,
Poderás escolher a tua espada
Sem proteção na ponta, e num bom passe
Terás vingado a morte de teu pai.

LAERTES Isso farei; e para ter mais certeza
Untarei minha espada de um veneno
Que comprei de um pirata, tão mortal
Que uma faca, uma vez imersa nele,
Se tira sangue a alguém. Não há no mundo
Emplastro feito de ervas virtuosas
Que salve esse infeliz da morte certa,
Por mais leve que seja a arranhadura.
Será banhada ali a minha ponta,
Para que esta, ao feri-lo levemente,
Logo o faça morrer.

REI Depois veremos.
Pensemos qual a hora e a contingência
Que servirão melhor ao nosso plano;
Pois se esse fracassar, e vier a lume
O nosso estratagema, melhor fora
Nem o tentar. Assim, esse projeto,
Se tiver de explodir durante a prova,
Tem de estar garantido por um outro
Que o venha assegurar. Calma! Vejamos!...
Apostaremos na destreza de ambos...
Já sei!
Quando lutardes, com calor e sede —
Para isso atacarás com violência —,
E ele pedir um gole, já teremos
Preparada uma taça especial:

Se apenas lhe provar o conteúdo,
Mesmo que escape ao golpe venenoso,
Nosso projeto vencerá. Mas, calma;
Que ruído é esse?
(*Entra a Rainha.*)
Entrai, doce rainha!
Dizei-nos, o que está acontecendo?

RAINHA Uma desgraça corre atrás de outra
Com tanta pressa: a tua irmã está morta,
Laertes; afogou-se.

LAERTES Como? Onde?

RAINHA Onde um salgueiro cresce sobre o arroio,
E espelha as flores cor de cinza na água,
Ali, com suas líricas grinaldas
De urtigas, margaridas e rainúnculos,
E as longas flores de purpúrea cor
A que os pastores dão um nome obsceno
E as virgens chamam "dedos de defunto",
Subindo aos galhos para pendurar
Essas coroas vegetais nos ramos,
Pérfido, um galho se partiu de súbito,
Fazendo-a despencar-se e às suas flores
Dentro do riacho. Suas longas vestes
Se abriram, flutuando sobre as águas;
Como sereia assim ficou, cantando
Velhas canções, apenas uns segundos,
Inconsciente da própria desventura,
Ou como ser nascido e acostumado
Nesse elemento. Mas durou bem pouco
Até que as suas vestes encharcadas
A levassem, envolta em melodias,
A sufocar no lodo.

LAERTES Ai, afogou-se?

RAINHA Afogou-se, afogou-se.

LAERTES Já tens água demais, oh, pobre Ofélia,
Por isso eu me proíbo de chorar.
Mas é nosso costume, e a natureza
O guarde, embora digam que é vergonha.
Findo o pranto, o meu lado feminino
Terá cessado. Adeus, senhor. A chama
Que inflamava as palavras que eu dizia
Vem de extinguir-se agora.
(*Sai.*)

REI Vem, Gertrudes;
Como custou para conter-lhe a cólera!
E temo agora que este novo golpe
Faça-a explodir. Vamos segui-lo, pois.
(*Saem.*)

Ato V
Cena I

Um cemitério.
(*Entram dois Coveiros.*)

1º COVEIRO Deve ser enterrada em sepultura cristã aquela que buscou voluntariamente a salvação?

2º COVEIRO Digo-te que deve; portanto, abre logo essa cova. O pontífice informou-se de tudo e deliberou que o enterro fosse cristão.

1º COVEIRO Como pode ser isso, a não ser que ela se afogasse em sua própria defesa?

2º COVEIRO Ora, foi decidido assim.

1º COVEIRO Deve ter sido *se offendendo*, nem pode ser De outro modo. Pois esse é o ponto: se Eu me afogo voluntariamente, isso indica ato, e um ato tem três partes, a saber: agir, Fazer e consumar. *Ergum*, ela afogou-se voluntariamente.

2º COVEIRO Não; mas, escuta, mestre cavouqueiro...

1º COVEIRO Com licença. Aqui está a água, bem; aqui está o homem, bem; se o homem vai para esta água e se afoga, queira ou não queira, É ele que vai. Presta atenção: mas se a água vem para ele e o afoga, não é ele que se afoga; *ergum*, ele não é o culpado de sua própria morte, ele não encurta a própria vida.

2º COVEIRO Mas isso é lei?

1º COVEIRO É, sim, senhor; lei de borla e capelo.

2º COVEIRO Queres saber a verdade? Se ela não fosse nobre, seria enterrada fora do ritual cristão.

1º COVEIRO Assim o disseste; e é uma lástima que os grandes deste mundo tenham o direito de afogar-se ou de enforcar-se, mais do que qualquer outro cristão. — Vamos, a minha há. Não há gentis homens mais antigos do que os jardineiros, os cavadores e os coveiros; eles conservam a profissão de Adão.

(*Começa a cavar.*)

2º COVEIRO E ele era um gentil-homem?

1º COVEIRO Ele foi o primeiro a portar armas.

2º COVEIRO Ora, ele não tinha nenhuma.

1º COVEIRO Como? És pagão? Como é que entendes as Escrituras? A Escritura diz "Adão cavou a terra"; como é que ele ia cavar sem armas? Vou fazer-te outra pergunta; se não me respondes certo, confessa que...

2º COVEIRO Vamos a ela.

1º COVEIRO Quem é que constrói mais solidamente do que o pedreiro, o construtor naval e o carpinteiro?

2º COVEIRO O que constrói a forca, pois essa estrutura sobrevive a mais de mil inquilinos.

1º COVEIRO Aprecio a tua esperteza, para fazer a verdade; a forca calha bem; mas calha bem como? Calha bem aos que fizeram mal. Agora, tu fazes mal em dizer que a forca é mais forte que a igreja; *ergum,* a forca poderá calhar-te bem. Outra vez, vejamos.

2º COVEIRO Quem constrói mais forte que o pedreiro, o construtor naval e o carpinteiro?

1º COVEIRO Isso mesmo; descalça essa bota.

2º COVEIRO Claro; agora posso dizer.

1º COVEIRO Então diz.

2º COVEIRO Pela Santa Missa, não sei.

(*Entram, ao longe, Hamlet e Horácio.*)

1º COVEIRO Deixa de quebrar a cabeça por causa disso, pois burro empacador não anda com pancada; e quando de outra vez te fizerem essa pergunta, responde: "Um coveiro." As casas que ele faz duram até o dia do Juízo Final. Vamos, vai até o Yaughan e traz-me uma caneca de vinho.

(*Sai o 2º Coveiro. O 1º Coveiro cava e canta.*)

1º COVEIRO *Quando em jovem eu amava, eu amava,*
Achava a vida muito doce.
Encurtar os meus dias não buscava,
Ai, não queria que assim fosse.

HAMLET Esse camarada não tem consciência de seu mister, cantando assim enquanto abre uma cova?

HORÁCIO O hábito fez disso, para ele, uma coisa facílima.

HAMLET É isso mesmo; a mão que é pouco usada tem o tato mais fino.

1º COVEIRO (*Canta.*)
Mas a idade, em passos insensíveis,
Em suas garras me apanhou;
E me arrastou até a terra
Como eu agora nela estou.

(*Atira para o alto um crânio.*)

HAMLET Essa caveira já teve uma língua, já pôde cantar, um dia. Olha como esse idiota a atira ao solo, qual se fosse a queixada de Caim, que cometeu o primeiro assassinato. Ela pode ter sido o crânio de um político, que esse asno supera agora, de alguém que desejasse enganar a Deus, não podia?

HORÁCIO Bem pode ter sido, senhor.

HAMLET Ou de um cortesão que dizia: "Bom dia, caro senhor. Como passa o meu bom senhor?" Pode ter sido o senhor de Tal e Tal, que elogiava o cavalo do senhor Tal e Tal, quando pretendia pedi-lo, não *é* verdade?

HORÁCIO Verdade, senhor.

HAMLET É isso mesmo; e agora pertence aos vermes, descarnado e golpeado nos queixos pela pá de um coveiro; eis uma bela evolução se tivéssemos o poder de vê-la. Custou tão pouco formar esses ossos que agora só servem para se jogar malha? Os meus doem só de pensar nisso.

1º COVEIRO (*Canta.*)

Com picareta e uma pá, uma pá,
Em torno uma branca mortalha:
Um punhado de cal cai na cova,
E um novo corpo se agasalha.

(*Atira outro crânio.*)

HAMLET Aí está outra; por que não poderá ser a caveira de um jurista? Onde estão agora as suas cavilações, os seus processos, as suas sutilezas, os seus truques, as suas trapaças? Como é que ele agora suporta que esse maroto lhe pespegue pancadas com uma pá imunda, sem processá-lo por lesões corporais? Hum! Esse camarada pode ter sido, no seu tempo, grande comprador de terras, com seus títulos e contratos, com suas obrigações a solver, suas multas, suas duplas testemunhas, suas cobranças. Será este o cobro de suas cobranças, a paga de seus contratos, ficar com seu belo crânio cheio do mais fino pó? Será que seus avalistas não lhe avalizarão mais as promissórias, por mais garantidas que sejam, além do comprimento e da largura de um par de promissórias imbricadas? As próprias escrituras de suas terras não caberiam neste caixão, e o próprio herdeiro não necessita de mais terra do que aquela em que cabe, não é?

HORÁCIO Nem um pingo mais, senhor.

HAMLET O pergaminho não é feito de pele de carneiro?

HORÁCIO É, senhor. E de vitela, também.

HAMLET São carneiros ou vitelas os que procuram nisso as suas garantias. Vou falar a esse camarada. De quem é essa cova?

1º COVEIRO Minha, senhor.

(*Canta.*)

Um punhado de cal cai na cova
E um novo corpo se agasalha.

HAMLET Creio que é tua, realmente, pois estás dentro dela.

1º COVEIRO Estais fora dela, senhor, portanto não é vossa. Da minha parte, não jazo nela, mas é minha.

HAMLET Mentes ao dizeres que é tua porque estás nela; isto é para os mortos, não para os vivos.

1º COVEIRO Mentira viva, senhor, que vivamente passa de mim para vós.

HAMLET Para que homem a estás cavando?

1º COVEIRO Para homem nenhum, senhor.

HAMLET Para que mulher, então?

1º COVEIRO Para nenhuma, meu senhor.

HAMLET Quem vai ser enterrado nela?

1º Coveiro Alguém que foi mulher, senhor; mas, paz à sua alma, agora está morta.

Hamlet Como é preciso esse sujeito. Temos de falar muito claro ou nos perderemos em seus equívocos. Por Deus, Horácio, nos últimos três anos tenho observado, os tempos são tão estranhos que a ponta do pé do camponês chega ao calcanhar do cortesão e lhe roça as frieiras. — Há quanto tempo és coveiro?

1º Coveiro Entre todos os dias do ano, comecei este ofício no dia em que nosso último rei Hamlet venceu Fortimbrás.

Hamlet E quanto tempo faz?

1º Coveiro Vós não o sabeis? Qualquer idiota é capaz de informá-lo. Foi no próprio dia em que o jovem Hamlet nasceu, esse que está louco e foi mandado para a Inglaterra.

Hamlet Deveras? E por que foi ele mandado para a Inglaterra?

1º Coveiro Ora, porque estava louco: deverá recobrar o juízo por lá; se não se recuperar, isso não terá muita importância.

Hamlet Por quê?

1º Coveiro Porque lá não será notado. Os homens lá são todos tão loucos quanto ele.

Hamlet Como é que ele ficou louco?

1º Coveiro Dizem que de maneira muito estranha.

Hamlet Estranha como?

1º Coveiro Por minha fé, foi perdendo o juízo.

Hamlet E o que deu lugar a isso?

1º Coveiro Este lugar aqui mesmo, a Dinamarca. Tenho sido coveiro aqui, homem e rapazola, estes trinta anos.

Hamlet Por quanto tempo jaz na terra um homem até apodrecer?

1º Coveiro Por minha fé, se ele ainda não estiver podre antes de morrer — pois hoje em dia vejo muito cadáver tão pesteado que mal resiste ser posto na cova —, isso deve durar uns oito ou nove anos. Um curtidor durará nove anos.

HAMLET Por que mais que os outros?

1º COVEIRO Ora, senhor; seu couro já vem tão curtido com o ofício que impede a água de entrar por longo tempo. E a água é a úlcera que destrói o corpo de qualquer cadáver filho da mãe. Aqui está uma caveira que jazeu na terra 23 anos.

HAMLET De quem era?

1º COVEIRO De um louco filho da mãe. De quem acha que ela foi?

HAMLET Não, não sei.

1º COVEIRO Uma praga para esse patife louco! Uma vez ele me despejou sobre a cabeça uma garrafa de vinho do Reno. Esta caveira aqui, senhor, era de Yorick, o bobo do rei.

HAMLET (*Tomando a caveira.*) Esta?

1º COVEIRO Esta mesmo.

HAMLET Ai, ai, pobre Yorick. Eu o conheci, Horácio, um tipo de infinita graça e da mais excelente fantasia. Carregou-me nas suas costas mais de mil vezes, e agora — agora como é horrível imaginar essas coisas! Aperta-me a garganta ao pensar nisso. Aqui ficavam os lábios que eu beijei nem sei quantas vezes. Onde estão agora os teus gracejos? As tuas cabriolas? As tuas canções? Teus lampejos de espírito que eram capazes de fazer gargalhar todos os convivas? Nenhum mais agora, para zombar dos teus próprios esgares? Caiu-te o queixo? Vai agora aos aposentos de minha dama e diz-lhe que, por mais grossas camadas de pintura ela ponha sobre a face, terá de chegar a isto. Vai fazê-la rir com essa ideia. Por favor, Horácio, diz-me uma coisa.

HORÁCIO Que coisa, senhor?

HAMLET Acreditas que o próprio Alexandre tenha esse aspecto, dentro da terra?

HORÁCIO Esse mesmo.

HAMLET A que baixa condição nós temos de volver, Horácio! Por que não poderá nossa imaginação rastrear as nobres cinzas de Alexandre até encontrá-las tapando uma pipa?

HORÁCIO Seria uma consideração um tanto curiosa, essa.

HAMLET Não, por minha fé; nem um pouco, é só segui-lo até esse ponto com bastante modéstia, e a probabilidade a guiar-nos. Alexandre morreu, Alexandre foi enterrado, Alexandre voltou ao pó, o pó é terra, da terra se faz a argila, e por que essa argila em que ele se converteu não poderia ser usada para selar um tonel?

César, imperador, morto e em barro mudado,
Poderia vedar um furo contra o vento.
Essa terra que pôs o mundo apavorado
Vai tapar na parede um sopro friorento!
Mas calma, devagar. É o rei que chega.
E a rainha e os cortesãos.
(*Entram Padres, em procissão; o corpo de Ofélia, Laertes e os que a choram: o Rei, a Rainha e Séquito.*)
Quem enterram?
Por que os ritos mutilados? Vê-se
Que o corpo a sepultar, com mão violenta
Destruiu a própria vida. E era da corte.
Vamos dissimular-nos e observar.
(*Afasta-se para um canto, com Horácio.*)

LAERTES Que cerimônia mais?

HAMLET Esse é Laertes,
Um jovem muito nobre; reparemos.

LAERTES E então, que cerimônia mais?

SACERDOTE As exéquias tiveram a amplitude
Autorizada. A morte foi suspeita;
Se não houvesse imposto alto comando,
Ela teria que dormir num chão
Sem bênçãos o seu último descanso;
Em vez de preces, seixos e calhaus
Lhe seriam lançados sobre a tumba.
Nós lhe admitimos virginais grinaldas,
Castas flores deitadas sobre a campa,
O enterro conduzido ao som de sinos.

LAERTES Nada mais será feito?

SACERDOTE Nada mais.
Profanaríamos o ofício fúnebre
Cantando o réquiem e a encomendação,
Que só se usa para quem vai em paz.

LAERTES Deita-a pois por terra, e dessa carne
Bela e impoluta brotarão violetas!
E tu, grosseiro padre, ouve o que digo:
Minha irmã vai ser anjo de bondade
Enquanto tu uivares no teu túmulo.

HAMLET A linda Ofélia?

RAINHA Oh, doce entre as mais doces!
(*Espalhando flores.*)
Adeus! Eu tinha feito um sonho lindo
De que fosses a esposa do meu Hamlet;
Quisera ornar-te o leito nupcial
E não a campa.

LAERTES Que as desgraças todas
Se multipliquem sobre esse maldito
Cujo delito horrendo lhe roubou
O juízo. Não a cubram já de terra;
Que espere a terra ainda alguns momentos
Até que uma vez mais lhe estenda os braços!
(*Salta dentro da cova.*)

Lançai agora sobre o vivo e a morta
A terra, até que cresça uma montanha
Mais alta do que o Polio, e que a celeste
Cabeça azul do Olimpo.

HAMLET (*Avançando.*)
Quem é esse
Cuja mágoa é tão forte e tem tal ênfase,
Cujas palavras sobem às estrelas
E as enchem de estupor? Aqui estou eu,
Hamlet, o Dinamarquês.
(*Salta para dentro da cova.*)

LAERTES Maldito sejas!
(*Lutam.*)

HAMLET Tu não sabes rezar. Afasta os dedos
Do meu pescoço, peço-te, porque
Se não sou rancoroso e nem colérico,
Tenho contudo algo de perigoso
Que terá de temer. Tira essa mão!

REI Afastai-os!

RAINHA Hamlet! Hamlet!

TODOS Cavalheiros!

HORÁCIO Meu bom senhor, acalme-se.

HAMLET Eu lutarei com ele sobre o caso
Até que minhas pálpebras sucumbam.

RAINHA Oh, meu filho, que caso?

HAMLET Amei Ofélia;
Quarenta mil irmãos, por mais que amassem,
Não somariam mais que o meu amor.
Que queres tu fazer então por ela?

REI Laertes, ele é louco.

RAINHA Eu vos suplico,
E, por amor de Deus, deixai-o agora.

HAMLET Pelas chagas de Cristo, que pretendes?
Chorar? Lutar? Jejuar? Despedaçar-te?
Beber fel? Engolir um crocodilo?
Eu o farei. Vieste para queixar-te?
Desafiar-me, saltando em sua cova?
Enterra-te com ela, e eu o farei.
Se falas de montanhas, que nos cubram
Jogando sobre nós milhões de acres,
Até que a nossa tumba, chamuscada
No topo por tocar as zonas tórridas,
Faça do Ossa um botão! Se o que pretendes
É atroar os ares, eu te sigo
E clamarei tão alto tu.

RAINHA Isto é a própria loucura; e num acesso
Vai operar sobre o seu nobre ser.
Depois, como uma pomba delicada,
Quando um par de filhotes rompe a casca
Dos ovos, a ostentar penugem de ouro,
Seu silêncio será sereno e doce.

HAMLET Senhor, por que me tratas assim?
Eu sempre te estimei — mas não importa;
Deixe que Hércules cumpra o que porfia —
Miará o gato, e o cão terá seu dia. (*Sai.*)

REI Peço-vos, bom Horácio; olhai por ele.
(*Sai Horácio.*)
(*para Laertes*)
Pensa com paciência na conversa
Mantida ontem: vamos, sem demora,
Pô-la em execução. Cara Gertrudes,
Mandai que não lhe falte vigilância.
Vamos pôr nessa campa um monumento;
Breve teremos horas de quietude;
Seja calma, até lá, nossa atitude.
(*Saem.*)

Cena II

Uma sala do castelo.
(*Entram Hamlet e Horácio.*)

HAMLET Sobre este caso, basta; agora o outro.
Lembras-te bem das várias circunstâncias?
HORÁCIO Lembro-me bem, senhor.
HAMLET Dentro do peito eu tinha algo lutando
Que me impedia de dormir. Sentia-me
Pior que entre grilhões. Irrefletido,
E a irreflexão nos seja abençoada,
Pois nossa insensatez nos vale às vezes,
Quando falham os planos bem-pensados.
A divindade nos acerta os fins,
Quando nós os lascamos.
HORÁCIO Isso é certo.
HAMLET Saí do beliche de roupão, nas trevas;
Fui procurá-los, tateando; achei-os,
Tomei-lhes o despacho e, finalmente,
Voltei ao meu beliche, na afoiteza,
Esquecendo o bom-tom, como os temores,
Rompi o selo do diploma e achei,
Horácio — oh, real torpeza —, o texto exato,
Repleto de motivos e pretextos,
Visando ao bem da Dinamarca e ao deles,
Com tais calúnias sobre a minha vida —
Para que ao lê-lo, e sem mais demora,
Antes mesmo que afiassem o machado,
Cortassem-me a cabeça.
HORÁCIO Isso é possível?
HAMLET Aqui tens o despacho. Lê com calma.
Mas não queres ouvir como eu agi?
HORÁCIO Senhor, lhe rogo.

HAMLET Dentro dessa trama —
Nem mesmo havia um prólogo em meu cérebro,
E a peça começara — Eu me sentei
E escrevi outro texto, bem-escrito.
Julgava outrora, como muitos nobres,
Baixo ofício ostentar caligrafia,
E fiz por esquecer o que aprendera;
Mas ela me prestou grande serviço.
Queres saber o que escrevi?

HORÁCIO Decerto.

HAMLET Uma solene comissão do rei —
Como a Inglaterra é tributária fiel —
Para que o amor floresça entre os dois povos,
Para que a paz conserve essa coroa,
E seja um traço de união de amigos,
Por muitas outras coisas importantes —
Que lendo e conhecendo essa mensagem,
Sem nenhuma demora e sem temores,
Mandasse à morte os próprios portadores,
Sem mesmo receber os sacramentos.

HORÁCIO Como a selou?

HAMLET Com o favor dos céus,
Tinha o sinete de meu pai na bolsa,
Que foi molde do selo do país.
Dobrei o escrito pela forma do outro,
Assinei-o, selei-o e fui guardá-lo.
Ninguém notou a troca. No outro dia,
Deu-se o combate, e o mais tu já conheces.

HORÁCIO Com isso Rosencrantz e Guildenstern
Já seguem para a morte.

HAMLET Eles buscaram
Esse desfecho. A minha consciência
Não me pesa; a derrota que os aguarda
Cresce por culpa deles. É um perigo

Para os fracos postar-se entre a passagem
E as pontas venenosas do inimigo.

HORÁCIO Oh, mas que rei, o nosso!

HAMLET Pensa um pouco,
Não é forçoso para mim agora —
Diante daquele que matou meu pai,
Maculou minha mãe e se insinuou
Entre o meu fado e as minhas esperanças,
Quis cortar a minha própria vida,
Isso com tal ardil —, não é justiça
Que eu o faça pagar por minhas mãos?
Não é crime deixar que novos males
Sejam feitos por esse cancro humano?

HORÁCIO Não tardarão notícias da Inglaterra,
Narrando a conclusão daquele caso.

HAMLET Não tardarão; mas o entreato é meu.
A vida do homem dura um nada, apenas.
Mas causa-me tristeza, caro Horácio,
Que eu me tenha excedido com Laertes;
Vejo na sua dor a mesma imagem
Da minha causa; vou tentar movê-lo.
Porém a ostentação de sua mágoa
Levou-me ao desespero.

HORÁCIO Olá, quem chega?

(*Entra Osric.*)

OSRIC Vossa alteza é bem-vinda, em sua volta.

HAMLET Humilde, eu lhe agradeço. Conheces esse inseto?

HORÁCIO Não, meu senhor.

HAMLET Estás em estado de graça, pois é um pecado conhecê-lo. Tem muitas terras, e férteis; um animal que é senhor de animais terá sua manjedoura à mesa do rei. É uma gralha, mas, como eu disse, poderoso na posse de imundícies.

OSRIC Caro senhor, se vossa alteza estiver disposta a ouvir-me, eu lhe darei uma comunicação da parte de sua majestade.

HAMLET Eu a receberei com toda a diligência de espírito. Ponha o gorro no lugar para que foi feito, a cabeça.

OSRIC Eu agradeço a vossa alteza; está muito calor.

HAMLET Não, creia-me, está muito frio; o vento vem do norte.

OSRIC Está mais ou menos frio, realmente.

HAMLET Não obstante, creio que está muito abafado e quente para a minha pele.

OSRIC Excessivamente, meu senhor; está muito abafado — como se estivesse... não sei dizer como. Mas, meu senhor, sua majestade pediu-me para comunicar-lhe que ele fez uma grande aposta sobre a sua cabeça. Eis o assunto, senhor.

HAMLET Peço de novo que se lembre.

(*Acenando para que Osric ponha o chapéu.*)

OSRIC Não, na verdade; fico assim mais cômodo, na verdade. Senhor, acontece que Laertes chegou há pouco à corte; crede-me, senhor, um verdadeiro fidalgo, cheio de excelentes predicados, de agradável convívio e elegante aparência. Realmente, falando dele com o conhecimento de seus méritos, ele é um modelo de cortesia, pois nele se acham todas as virtudes que um cavalheiro pode ter.

HAMLET Senhor, nada lhe falta no modo pelo qual o descreve; no entanto, eu sei, analisá-lo ou inventariá-lo seria muito difícil para a aritmética da memória, pois todo esse esforço não conseguiria acompanhar-lhe a rapidez da vela. Mas, com verdadeira exaltação, eu o tomo por uma alma de grande valor, e sua essência é de tal valor e raridade que, para descrevê-lo fielmente, só encontro o seu espelho. O que mais poderia acompanhar-lhe os passos? A sua sombra, e nada mais.

OSRIC Vossa alteza o descreve de maneira infalível.

HAMLET Que quer dizer tudo isso? Por que estamos envolvendo esse cavalheiro na nossa rude linguagem?

OSRIC Como?

HORÁCIO Não poderia entender a si mesmo em outro idioma? Tente, senhor, que o há de decifrar.

HAMLET Que sentido tem a menção desse cavalheiro?

OSRIC De Laertes?

HORÁCIO (*à parte, a Hamlet*)
Sua bolsa já está vazia; já gastou todas as suas palavras de ouro.

HAMLET Dele mesmo, meu senhor.

OSRIC Sei que não sois ignorante...

HAMLET Gostaria que o soubesse, senhor; conquanto, por minha fé, isso não me recomendasse muito. E então, senhor?

OSRIC Não sois ignorante da excelência de Laertes...

HAMLET Não ouso confessar tanto. Poderia parecer que quero comparar-me a ele em excelência, pois conhecer bem um homem É conhecer a si mesmo.

OSRIC Quero dizer, alteza, no manejo das armas. Pela forma que lhe atribuem eles, nesse mérito ele não tem igual.

HAMLET Qual é a sua arma?

OSRIC Punhal e espada.

HAMLET Essas são duas de suas armas. Mas vá lá.

OSRIC O rei, alteza, apostou com ele seis çavalos da Barbária, aos quais ele contrapôs, segundo ouvi, seis espadas francesas com seus acessórios, talma, correias e o mais. Três das carretas, na verdade, são muito prezadas pela fantasia, respondendo demais aos punhos das espadas, carretas delicadíssimas, de requintado acabamento.

HAMLET O que é que chama de carretas?

HORÁCIO (*à parte, a Hamlet*)
Eu previa que fossem necessárias notas explicatórias antes que isso acabasse.

OSRIC As carretas, senhor, são as correias.

HAMLET A frase ficaria mais de acordo com o assunto se pudéssemos levar canhões a tiracolo. Até lá, deixemos que permaneçam correias. Mas vamos: seis cavalos da Barbária contra seis espadas francesas, seus acessórios e três carretas requintadamente acabadas, eis a aposta francesa contra a dinamarquesa. Por que se "contrapõe" isso, como diz o senhor?

OSRIC O rei, senhor, apostou que, numa dúzia de assaltos entre vós e ele, ele não vos excederá em três toques: apostou doze contra nove. E a prova teria início imediatamente se vossa alteza se dignasse responder.

HAMLET E se eu responder que não?

OSRIC Quero dizer, senhor, se concordardes em pôr à prova a vossa pessoa.

HAMLET Senhor, vou caminhar aqui pelo salão; com a vênia de sua majestade, este é o momento do meu repouso. Que venham as lâminas; esteja disposto o cavalheiro, e se o rei mantiver o seu propósito, eu vencerei para ele, se puder. Se não puder, não ganharei mais que vergonha e o excesso dos toques.

OSRIC Devo transmitir nesses termos a vossa reposta?

HAMLET Desde que lhes guarde o sentido, senhor, poderá floreá-la de acordo com a sua natureza.

OSRIC Eu me recomendo a vossa alteza.

HAMLET Todo seu, todo seu.
(*Sai Osric.*)

Ele faz bem de recomendar a si mesmo, pois não acharia quem o quisesse fazer.

HORÁCIO O pintinho vai correndo, com a casca do ovo na cabeça.

HAMLET E fez mesuras à clara, antes de sugá-la. Assim tem ele — e outros tantos, da mesma ninhada, que a nossa frívola época tanto aprecia — apenas o tom da moda e, com as aparências do convívio, uma espécie de conjunto pastoso, que os leva até mesmo aos ambientes mais seletos e rarefeitos; mas se o sopramos um pouco, as bolhas se desfazem.

(Entra um Nobre.)

NOBRE Meu senhor, sua majestade enviou-vos Saudações pelo jovem Osric, que de volta informou que vós o esperais aqui no salão. Manda saber se continua a ser de vosso agrado bater-se com Laertes ou se Preferis ter mais tempo.

HAMLET Sou constante em meus propósitos; eles coincidem com o prazer do rei. Se ele está preparado, eu estou pronto. Agora ou em qualquer outro momento, desde que esteja tão apto quanto agora.

NOBRE O rei e a rainha, e todos estão descendo.

HAMLET Em boa hora.

NOBRE A rainha deseja que sejais amável com Laertes, antes de começarem a jogar.

HAMLET Ela aconselha bem.

(Sai o Nobre.)

HORÁCIO Perderá a aposta, meu senhor.

HAMLET Não creio. Desde que ele foi para a França, eu tenho treinado constantemente. Eu vencerei, com a vantagem que me oferecem. Mas não podes imaginar a angústia que sinto aqui no coração; mas não importa.

HORÁCIO Mas, não, meu bom senhor.

HAMLET Isso é tolice, mas é a espécie de pressentimento que talvez perturbasse uma mulher.

HORÁCIO Se o seu espírito rejeita alguma coisa, obedeça-o. Eu impedirei que venham para cá, dizendo que não se sente disposto.

HAMLET De modo algum. Nós desafiamos o augúrio. Há uma providência especial na queda de um pardal. Se tiver de ser agora, não está para vir; se estiver para vir, não será agora; e se não for agora, mesmo assim virá. O estar pronto é tudo. Se ninguém conhece nada daquilo que aqui deixa, que importa deixá-lo um pouco antes? Seja o que for!

(*Entram o Rei, a Rainha, Laertes, Nobres, Osric. Vários criados trazem as espadas e uma mesa com taças sobre ela.*)

REI Vem, Hamlet; esta mão eu te ofereço.

(*O Rei põe a mão de Laertes na de Hamlet.*)

HAMLET Peço perdão, senhor, por meu agravo.
Perdoa-me, já que és um cavalheiro.
Esta assistência sabe,
E deves ter ouvido, certamente,
Como esta insânia me vem castigando.
Tudo o que fiz, ferindo com violência
Tua honra, teu amor de irmão e filho,
Eu te asseguro aqui, foi por loucura.
Hamlet ofendeu Laertes? Nunca Hamlet!
Se Hamlet estava fora de si mesmo,
E sem estar em si fere Laertes,
Então Hamlet não foi, Hamlet o nega.
Quem foi, então? Foi a loucura dele.
E se assim é, Hamlet foi agravado;
A loucura é também sua inimiga.

Senhor, diante de todos,
Deixa que eu negue intencional ofensa,
E que isso me absolvendo em teu espírito
Faça crer que eu lancei a minha seta
Sobre a casa e feri meu próprio irmão.

LAERTES Dou-me por satisfeito, cavalheiros,
No que concerne o meu amor filial,
Que no caso é o que mais pede vingança.
Mas, no que diz respeito à minha honra,
Não concordo, e querendo o nome ileso,
Não me reconcilio, até que obtenha
De mestres mais idosos, de honra altiva,
Uma sentença que nos seja exemplo
De paz que deixa a honra inviolada.
Até então, recebo essa amizade
Como amizade, e não lhe faltarei.

HAMLET A ela eu me confio. E sem reservas
Lutarei neste encontro fraternal.
Que venham as espadas.

LAERTES Dai-me a minha.

HAMLET Laertes, eu serei o teu contraste;
Como uma estrela na sombria noite,
Tua destreza brilhará nos lances.

LAERTES Mofa de mim, senhor.

HAMLET Por minhas mãos que não.

REI Dai-lhes as espadas, jovem Osric. Primo Hamlet,
Conheces a aposta?

HAMLET Sim, senhor.
Destes vantagens para o lado fraco.

REI Não tenho medo; eu vi jogar a ambos,
Mas, como ele é melhor, dei-te vantagens.

LAERTES Esta é muito pesada; dai-me outra.

HAMLET Esta me agrada. São de igual medida?

(*Eles preparam-se para lutar.*)

OSRIC São iguais, meu senhor.

(*Entram criados trazendo garrafas de vinho.*)

REI Ponde os jarros de vinho sobre a mesa.
Se for de Hamlet o primeiro toque,
Ou o segundo, e ele der resposta ao outro,
Farei ecoar em torno a artilharia:
O rei está a beber ao teu triunfo,
E na taça será lançada pérola
De mais alto valor que as que adornaram
A coroa dos reis da Dinamarca.
Dai-me as taças; e ora o gongo anuncie
À trombeta, e esta diga ao artilheiro,
E digam os canhões ao céu e à terra:
"O rei brindou Hamlet." Começai.
E, juízes, olhai de olhar atento.

HAMLET Vamos, senhor.

LAERTES Vamos lá, meu senhor.

(*Eles lutam.*)

HAMLET Um toque.

LAERTES Não.

HAMLET Julgamento.

OSRIC Um toque bem patente.

LAERTES Bem, outra vez.

REI Parai. Quero beber. Hamlet, a ti
Dou esta pérola. À tua saúde.
(*Soam as trombetas.*)
Dá-lhe a taça.

HAMLET Quero primeiro o assalto. Ponde-a ali.
Um momento.
(*Lutam.*)
Outro toque. O que dizes?

LAERTES Um toque. Eu o confesso.
REI O nosso filho vencerá.
RAINHA Ele sua. Engordou e está sem fôlego.
Hamlet, toma meu lenço. Enxuga a testa.
A rainha saúda a tua sorte.
HAMLET Que bondade.
REI Não, não bebas, Gertrudes; eu te peço.
RAINHA Quero beber, senhor; peço perdão.

(*Ela bebe e oferece a taça para Hamlet.*)
REI (*à parte*) A taça envenenada! Agora é tarde.
HAMLET Não ouso ainda beber — daqui a pouco.
RAINHA Vem, Hamlet; deixa que eu te enxugue o rosto.
LAERTES Hei de feri-lo agora.
REI Não o creio.
LAERTES (*à parte*) Mas quase contra a minha consciência.
HAMLET Vamos, Laertes, ao terceiro. Eu creio
Que brincas. Ataca-me com violência.
Temo que me trates como criança.
LAERTES É o que pensa? Vamos!
(*Eles tornam a lutar.*)
OSRIC Nada de um ou outro.
LAERTES Vou atacar!

(*Laertes fere Hamlet; e depois, na confusão, trocam de espadas.*)
REI Separai-os. Enlouqueceram!
HAMLET Não; de novo!

(*Ele fere Laertes. A Rainha cai.*)
OSRIC A rainha! Socorrei-a!
HORÁCIO Ambos sangram. Como está, meu senhor?

(*Laertes cai.*)

OSRIC Como estás, Laertes?
LAERTES Qual caçador
Que cai no laço que ele próprio armara
Mata-me, com justiça, a própria insídia.
HAMLET Como está a rainha?
REI Desmaiada,
Ao ver o sangue deles.
RAINHA Não! O vinho!
O vinho, o vinho, meu querido Hamlet!
Estou envenenada.

(*Morre.*)

HAMLET Deus, que infâmia!
Fechai as portas! Há traição! Buscai-a!
LAERTES Ela aqui está. Está perdido, Hamlet.
Nenhum remédio poderá curá-lo.
Não tem nem meia hora mais de vida;
O instrumento mortal 'stá nos seus dedos,
Violento e envenenado. A vil ação
Voltou-se contra mim. Aqui tombei
Para não mais me erguer. Sua mãe foi morta
Pelo veneno. Eu não posso mais.
O rei, o rei é o único culpado.
HAMLET A ponta também está envenenada!
Então, veneno, faz o teu serviço!

(*Fere o Rei.*)

TODOS Traição! Traição!
REI Amigos, defendei-me!
'Stou apenas ferido.
HAMLET Aqui, assassino
Incestuoso e danado, bebe agora
Esta poção. Nela está tua jura.
Vai, segue a minha mãe.

(*O Rei morre.*)

LAERTES Fez-se justiça.
É um veneno por ele preparado.
Perdoem-nos os dois, meu nobre Hamlet:
A morte de meu pai e a minha própria
Não caiam sobre si; e nem a sua
Sobre mim.
(*Morre.*)

HAMLET Que os céus te absolvam. Eu sigo
O teu caminho. Horácio, eu sinto a morte —Adeus,
pobre rainha! A vós, tão pálidos
E trêmulos diante desta desgraça,
Só testemunhas mudas deste ato,
Tivesse eu tempo — mas o duro braço
Da morte é tão severo — eu contaria...
Mas seja tudo como for. Horácio,
Eu já estou morto e tu 'stás vivo; conta
Toda a verdade sobre a minha causa
Aos que a ignoram.

HORÁCIO Não creia que o faça.
Sou mais romano antigo que de hoje:
Ainda ficou alguma gota...

HAMLET Se *és* um homem, entrega-me essa taça!
Larga-a! Peço-te! Hei de alcançá-la!
Oh, Deus, Horácio! Que manchado nome
Deixarei eu. Se um dia me estimaste,
Transfere um pouco essa felicidade
E arrasta o teu alento pelo mundo
Para contar a minha história.
(*Ouvem-se, fora, marchas e tiros.*)
Mas, que é isso?

OSRIC É Fortimbrás, voltando vitorioso
Da luta na Polônia e homenageando
O embaixador inglês.

HAMLET Eu morro, Horácio!
O violento veneno me domina
O espírito. Eu não vivo até que cheguem
Notícias da Inglaterra. Mas auguro
Que a eleição será de Fortimbrás.
Dou-lhe o meu voto, embora na agonia.
Diz-lhe o que se passou e as ocorrências
Que me envolveram. O resto é silêncio.
(*Morre.*)

HORÁCIO Partiu-se agora um nobre coração.
Boa noite, doce príncipe. E que os anjos
Venham em coro lhe embalar o sono.
(*Soa marcha fora.*)
Por que soam tambores nesta hora?

(*Entram Fortimbrás e Embaixadores ingleses, com tambores, bandeiras e Séquitos.*)

FORTIMBRÁS Que cena é essa?

HORÁCIO Que é que procurais?
Se é um quadro de desgraça, aqui o tendes.

FORTIMBRÁS Os despojos revelam a carnagem,
E tu, morte arrogante, que festejos
Preparas no teu reino, que, de um golpe
Sanguinário, derrubas tantos príncipes?

EMBAIXADOR Que quadro horrível! Chegam atrasadas
As notícias que temos da Inglaterra:
Já não nos ouve aquele a quem trouxemos
Notícias de que a ordem foi cumprida,
Que Rosencrantz e Guildenstern 'stão mortos.
De quem teremos agradecimentos?

HORÁCIO Não dessa boca, inda que fosse viva.
Mas, já que aqui chegais na hora sangrenta,
Vós da Polônia, e os outros da Inglaterra,
Ordenai que esses corpos sejam postos

Num patamar bem alto, ante este povo.
E deixai-me dizer a quem não sabe
Como as coisas correram: ouvireis
Atos carnais, sangrentos e incestuosos,
Mortes causadas por traições astutas,
E, afinal, intenções inconfessadas
Que caíram nas frontes que as tramaram.
Tudo isso eu contarei, pois é verdade.

FORTIMBRÁS Vamos ouvir os fatos, sem demora,
E chamar a nobreza como audiência.
Quanto a mim, com tristeza aceito a sorte:
Tenho tradicional direito ao reino,
Que agora sou chamado a reclamar.

HORÁCIO Tenho algo a dizer também sobre isso,
Repetindo a palavra deste nobre
Que há de arrastar consigo muitas outras.
Mas seja feito agora o que eu vos disse,
Enquanto estão turbados os espíritos,
Antes que outras desgraças aconteçam,
E outros erros.

FORTIMBRÁS Que quatro capitães
Conduzam Hamlet, como bom soldado,
Ao catafalco. Pois, ao que parece,
Se ele vivesse e ocupasse o trono,
Tornar-se-ia um grande soberano.
Por sua morte falem
Música militar, ritos guerreiros.
Levai os corpos. A uma guerra calha
Muito bem este campo de batalha;
Não aqui.
Ide. Que atirem os soldados.

(*Saem marchando e carregando os corpos, depois do que soa uma salva de canhão.*)

Sobre o autor

William Shakespeare (1564-1616) nasceu em Stratford-upon--Avon e é considerado um dos maiores nomes da literatura mundial de todos os tempos. Não se sabe ao certo até hoje a totalidade de seus escritos, mas chegaram até os nossos dias 38 peças, 154 sonetos, dois grandes poemas narrativos e diversos outros poemas. Autor de *Romeu e Julieta, Rei Lear, Sonho de uma noite de verão*, entre outras peças montadas ano após ano nas mais diversas partes do mundo, Shakespeare já em vida conseguiu algum reconhecimento, no entanto, o sucesso de sua obra só aumenta com o passar dos anos, uma vez que os temas abordados são atuais em qualquer época.

Conheça os títulos da

Coleção Clássicos para Todos

A Abadia de Northanger – Jane Austen
A arte da guerra – Sun Tzu
A revolução dos bichos – George Orwell
Alexandre e César – Plutarco
Antologia poética – Fernando Pessoa
Apologia de Sócrates – Platão
Auto da Compadecida – Ariano Suassuna
Como manter a calma – Sêneca
Do contrato social – Jean-Jacques Rousseau
Dom Casmurro – Machado de Assis
Feliz Ano Novo – Rubem Fonseca
Frankenstein ou o Prometeu moderno – Mary Shelley
Hamlet – William Shakespeare
Manifesto do Partido Comunista – Karl Marx e Friedrich Engels
Memórias de um sargento de milícias – Manuel Antônio de Almeida
Notas do subsolo & O grande inquisidor – Fiódor Dostoiévski
O albatroz azul – João Ubaldo Ribeiro
O anticristo – Friedrich Nietzsche
O Bem-Amado – Dias Gomes
O livro de cinco anéis – Miyamoto Musashi
O pagador de promessas – Dias Gomes
O Pequeno Príncipe – Antoine de Saint-Exupéry
O príncipe – Nicolau Maquiavel
Poemas escolhidos – Ferreira Gullar
Rei Édipo & Antígona – Sófocles
Romeu e Julieta – William Shakespeare
Sonetos – Camões
Triste fim de Policarpo Quaresma – Lima Barreto
Um teto todo seu – Virginia Woolf
Vestido de noiva – Nelson Rodrigues

Direção editorial
Daniele Cajueiro

Editoras responsáveis
Ana Carla Sousa
Janaína Senna

Produção editorial
Adriana Torres
Júlia Ribeiro
Laiana Flores
Mariana Lucena
Rosa Amanda Strausz

Revisão
Olga de Mello
Midori Faria
Luiza Miceli

Capa
Sérgio Campante

Diagramação
Douglas Kenji Watanabe
Filigrana

Este livro foi impresso em 2022
para a Nova Fronteira.